Menschsein im Jetzt

Gespräch mit der Seele meiner Schwester Ajra

für Andrea
von Sofia
und Matthias

Ana Pogačnik

Ana Pogačnik
Menschsein im Jetzt. Gespräch mit der Seele meiner Schwester Ajra

2. Auflage 2021

Titelseite:
Foto: Ana Pogačnik
Gestaltung: Zita Weckenmann

Satz und Gestaltung:
Zita Weckenmann

Verlag:
Modra Zemlja, Šempas 160, 5261 Šempas, Slowenien

CIP - Kataložni zapis o publikaciji
Narodna in univerzitetna knjižnica, Ljubljana

128:130.33

POGAČNIK, Ana, 1973-
Menschsein im Jetzt : Gespräch mit der Seele meiner Schwester Ajra / Ana Pogačnik ; [Fotos Ana Pogačnik]. - 1. ponatis. - Šempas : Modra zemlja, 2021

ISBN 978-961-94720-2-6
COBISS.SI-ID 62710019

Inhalt

Ajra, du warst und bist ein helles Licht,
das mich immer begleitet.
Es ist ein großes Geschenk,
dass ich dir so nahe stehen kann.

Ajras Präsenz

Einführung

Wie es zu dem Buch kam

Meine Schwester Ajra war nicht nur als Mutter, Schwester und Frau ein großer Mensch, auch als geistige Lehrerin, Autorin und großartige Heilerin war sie unersetzlich. Ihr Leben hat sie der Heilung auf verschiedenen Ebenen gewidmet. Eine schwere Krankheit riss sie, aus unserer Perspektive, viel zu früh aus dem Leben. Für unsere ganze Familie war es tröstlich zu wissen, dass sie als hoch entwickelte Seele uns alle in diesen entscheidenden Zeiten von „der anderen Seite" her unterstützen kann.

Seit ihrem Übergang im Jahr 2011 habe ich ihre Gegenwart gespürt, manchmal intensiver, manchmal weniger aktiv. Ich habe eine konstante Verbindung zu ihr gepflegt, wusste aber nicht, wie ich diesen Kontakt noch vertiefen könnte.

Im Spätherbst 2020 hat mein Vater, Marko Pogačnik, beim Aufräumen viele nicht publizierte Botschaften, Notizen und Aufzeichnungen von Ajra gefunden. Das waren Texte, die sie als Botschaften von ihrem geistigen Meister empfangen hatte, als Vorbereitung für ihre Seminare, als Antworten auf gestellte Fragen und als Erklärungen zu Themen, die sie oder Marko verstehen wollten. Ajra hat am Anfang ihres aktiven geistigen Weges einige Jahr intensiv für und mit Marko gearbeitet. Marko kam auf die Idee, eine Sammlung von Ajras Texten zusammenzustellen und als Buch zu veröffentlichen.

Dieser Gedanke ließ mir keine Ruhe mehr, bis ich verstand, warum es mir so unwohl dabei war. Ich fragte mich: Wie würde ich mich selbst fühlen, wenn ich an ihrer Stelle wäre und jemand plötzlich die Idee hätte, meine Notizen, die Vorbereitungen für meine Seminare und alle nicht publizierten Botschaften, alle zwischen dreißig und zwölf Jahre alt, in einem Buch zu publizieren? So habe ich zu meiner Familie gesagt: „Lieber verbrenne ich gleich selbst alles, damit ja nie jemand eines Tages auf solche Gedanken kommt."

So habe ich eines Abends Ajra selbst gebeten, mir ein klares Zeichen zu geben, wie wir es anders lösen könnten. Ich bin in der Nacht aufgewacht und wusste, dass ich mich mit ihr als Seele verbinden kann und ihr so die Möglichkeit gebe, sich aktuell zum Menschsein im JETZT zu äußern. Ich war erleichtert, weil ich verstand, dass sie viel zu sagen hat und uns Menschen in dieser schwierigen Lage helfen möchte.

Das Schreiben war sehr intensiv und ich habe meine familienfreien Abende genutzt, um dieses Buch vorzubereiten. Keinen Text bis jetzt habe ich mit einer solchen Geschwindigkeit niedergeschrieben – den Großteil habe ich in weniger als einem Monat empfangen.

Schon während des Schreibens habe ich die Notwendigkeit gespürt, die Botschaften so schnell wie nur möglich zu den Menschen zu bringen und so folge ich jetzt diesem Impuls.

Noch ein paar Worte zum Inhalt

In einigen Jahren werden wir sehr wahrscheinlich darüber lachen, aber jetzt sitzen wir in einem harten Lockdown – das Leben ist sozusagen angehalten – unsere Freiheit wird Tag für Tag weiter beschränkt. Es geschehen global unglaubliche Dinge. Die Welt steht kurz vor einer Revolution – eins ist klar: es kann so nicht weitergehen. Aber wie geht es dann weiter und was sind die großen notwendigen Veränderungen?

Als Menschheit stehen wir definitiv vor etwas Neuem, doch es ist noch so schwierig, uns darunter etwas vorzustellen, uns ein Bild zu machen. Was können wir persönlich dazu beitragen, wie können wir den Prozess unterstützen?

Allgemein ist das Leben so oberflächlich geworden und zunehmend wird die Welt von großen Lügen regiert.
Es ist klar, dass wir Menschen eine ganz wichtige und zentrale Rolle im Erdenleben spielen, aber was hindert uns, aus diesem eintönigen Leben auszubrechen? Wie sieht der Weg der inneren Revolution aus?

Wohin gehen wir als Menschheit? Wissen wir das überhaupt noch? Wir haben ein so großes Potenzial und könnten viel mehr Unterstützung bekommen, wenn wir uns nur dafür öffnen würden – die Welt der zurzeit nicht inkarnierten

Seelen als bedeutender Teil der Menschheit wartet darauf, ihren Beitrag zur Bewältigung der anstehenden Aufgaben zu leisten. So viel Kraft liegt brach, wenn wir uns nur für die jenseitige Welt öffnen würden!

In dieser brisanten Weltsituation bekam ich die Möglichkeit, einer Seele, die im All-sein ist, Fragen zu stellen. Ich habe mir die Fragen nicht vorher überlegt, sondern sie kamen ganz spontan, sozusagen aus dieser innigen Verbindung heraus, die ich mit Ajra halte. Aus einem Thema hat sich spontan das nächste gemeldet und entwickelt.

Ich kann unmittelbar Ajras Präsenz spüren und innerlich mit ihr kommunizieren. Ich höre nicht ihre Stimme, ich sehe nicht Wörter, sondern kann ihre Botschaft als mir schnell zufließende Gedanken aufschreiben. Während des Schreibens – wenn ich direkt im Strom bin – fühlt es sich für mich wie mein eigenes Wissen an. Doch weiß ich, dass es nicht meine eigenen Gedanken sind, weil auch für mich einiges neu und überraschend ist.

So wie bei allen Botschaften dieser Art sind die Aussagen nicht fix irgendwo niedergeschrieben. Der Sinngehalt entsteht im energetischen Strom, der von Ajra zu mir fließt und den ich durch meine Präsenz in Worte übersetze. So bin ich mir bewusst, dass ich ein Filter für diese Übersetzung bin. Jemand anderer würde diesen Strom in andere Worte kleiden. Deswegen traue ich mich auch, mich als Autorin hinzustellen, obwohl die wirkliche Autorin Ajra selbst ist.

Bitte nehmt Euch genug Zeit zum Lesen, so dass die Kraft, die in und hinter den Worten liegt, Euch wirklich erreichen kann. Durch die Worte spricht und wirkt die seelische Ewigkeit, die durch Ajras Präsenz und die niedergeschriebenen Botschaften zu uns fließt.
Es geht nicht nur darum, dass wir die Informationen verstehen, sondern dass wir tief in der Seele berührt werden. Die Worte können zu einem Lichtkanal werden, durch den wir uns ausdehnen und so weit über uns hinausreichen und hinauswachsen können. Als Seele können wir mit Ajras Hilfe durch diesen Lichtkanal reisen. Als Seele wissen wir, wie das geht und wie wir dadurch wachsen können.

Dabei hilft es, wenn wir vor dem Lesen innerlich einen Purzelbaum machen – und zwar stellen wir uns dafür vor, dass wir aus dem Herzen einen Purzelbaum in den Kopf machen. So dehnt sich der Herzensraum auf den Raum des Gehirns aus und der Impuls, mit dem Herzen zu lesen, überträgt sich auf den Verstand.

Meinen Teil der Aufgabe habe ich damit getan, und ich bin glücklich, dass die Türe jetzt geöffnet ist. Nun seid ihr ganz frei, euch auf eure eigene Art und Weise auf diese Entdeckungsreise einzulassen.
Ich wünsche euch viel Freude, viele tiefe Erfahrungen und viel innere Weite beim Lesen und vor allem beim Leben.

In tiefer Dankbarkeit und Freude

Ana
18. Januar 2021

Worte von Ajra zu Beginn

Das Leben auf der Erde verläuft in zwei parallelen Welten: Ein Teil ist sichtbar, ist inkarniert, materialisiert und deswegen bekannt und anerkannt. Der zweite Teil ist für die meisten Menschen nicht fassbar und liegt für sie jenseits ihrer existierenden Realität.
Dem Sichtbaren wird zurzeit wesentlich mehr Bedeutung gegeben, doch hat das Unsichtbare für die Seele viel mehr Gewicht und prägt die persönliche und kollektive Geschichte ungleich stärker.
Warum wird dieser Teil dann verschwiegen? Warum wird er verleugnet, warum ignoriert, warum wird uns darüber nichts in den Schulen erzählt, warum lernen wir nichts darüber als Kinder, warum werden Menschen, die sich damit befassen, nicht ernst genommen und als unglaubwürdig hingestellt? Warum? Warum wird das Wichtigste im Leben verschwiegen?

Als inkarnierte Seelen können wir Einblicke hinter die Lebenskulisse bekommen, wir können vieles erspüren, erahnen und erkennen, was sich in den unsichtbaren Dimensionen abspielt, aber wirklich können wir es nicht erleben. Das können wir erst dann, wenn wir selber im nichtphysischen Bereich des Lebens existieren. Der Blickwinkel ist völlig anders und keiner kann sich vorstellen, wie anders er ist.

Es ist noch nicht so lange her, seitdem ich selbst den Übergang von der einen zur anderen Seite erlebt habe. Somit ist das irdische Leben für mich noch nicht zu weit weg, um zu verstehen, wie viel Einfluss es auf euch, inkarnierte Menschen, hat.
Ich bin da, um die unsichtbare Seite des Lebens sichtbar zu machen – das Leben erscheint dann ganz anders, vieles sieht in diesem Licht völlig anders aus.

Ich bin hier, um unbeantwortete Fragen zu beantworten. Ich bin hier, um das Wissen über das jenseitige, nicht inkarnierte Leben sichtbar zu machen und damit die sichtbare Seite etwas „unsichtbarer“ zu machen.

In vielerlei Hinsicht wird das Leben in einem komplett falschen Bild dargestellt, weil der große Kontext des Lebens noch immer ignoriert wird. Das, was ein „normaler“ Mensch im alltäglichen Leben erlebt, ist nur ein kleiner Krümel dessen, was das wahre Leben ausmacht. Es ist einfach unendlich schade, dass uns in den meisten Fällen das große Geheimnis des Lebens verhüllt bleibt. Gegenwärtig ist der Scheinwerfer zu stark auf das Materielle gerichtet und so bleibt uns der wesentliche Teil des Daseins unbekannt, unerreichbar und leider auch nicht nutzbar.

Das könnte unsere Gesprächsbasis sein – noch habe ich die Möglichkeit, aus eigener Erfahrung darauf hinzuweisen, wie ihr den Scheinwerfer gedeihlicher setzen könnt.

Du, Ana, stellst mir die Fragen und ich werde sie beantworten. Ich bin bereit, dafür bin ich da. Lass uns anfangen.

23. November 2020

Das GESPRÄCH mit Ajra

Dann lass uns doch bei der momentanen Situation anfangen. Als Menschheit stehen wir vor einer großen Veränderung. Es kommt mir gerade dieses Bild dazu: Wir stehen am Abgrund und haben die Möglichkeit, mutig in etwas für uns noch Unvorstellbares zu springen und uns damit zu retten, oder wir fallen in den Abgrund. Beides sind reale Möglichkeiten. Eines aber ist sicher: wir sind am Ende unser bisherigen Möglichkeiten angekommen – auf dieser Ebene geht es nicht weiter. Was geschieht gerade?

Ja, den Abgrund gibt es tatsächlich, aber nur dann, wenn man allein das menschliche Leben auf der Erde anschaut. Anders ist es, wenn man den gesamten Fluss des Lebens auf der Erde und im geistigen Bereich anschaut. Auf der geistigen Ebene gibt es zwar einen großen Wasserfall, aber keinen gefährlichen Abgrund. Das heißt, dass weder die Existenz ausgelöscht, noch das Leben unterbrochen wird.

Es stimmt natürlich, dass wir als Menschheit vor einer großen Probe stehen. Werden wir springen können, auch wenn wir nicht wissen wohin? Sind wir bereit dafür und wie viele Menschen braucht es, damit wir diesen Sprung auf der kollektiven Ebene schaffen?

Das Wichtigste dabei ist, wie du schon sagtest, dass uns ganz klar ist, der alte Weg ist zu Ende – er geht nicht weiter! Als Menschheit können wir so nicht weitergehen! Es gibt keine Brücke über den Abgrund und es gibt keinen Umweg, der uns auf die andere Seite des Abgrundes bringen könnte.

Daher gibt es keine äußere Lösung in der gegebenen Situation, der einzig mögliche Weg beginnt tief im Innern – wir müssen die Zügel in die eigenen Hände nehmen und in unserem vollen Potenzial diesen Quantensprung vollziehen.
Dafür braucht man kein Akrobat zu werden, wenn wir bei diesem Bild bleiben, doch jeder kann und soll bereit sein, diesen inneren Sprung zu machen.

Natürlich haben wir als Menschheit noch nie eine solche Situation erlebt, so haben wir das noch nicht gelernt, doch fähig sind wir alle dazu. Genau deswegen sind wir Menschen fähig, in entscheidenden Augenblicken das Bewusstsein so zu erweitern, dass wir natürlich Menschen bleiben und doch übermenschliche Fähigkeiten erlangen. Um nichts weniger geht es. Eigentlich haben wir einen direkten Zugang zum Kern des Lebens und damit zur reinsten Kraft des Lebens. Wir haben die Möglichkeit, diese Kraft nicht nur zu nutzen, sondern sie in uns zu aktivieren – direkter geht es nicht.

Das, was äußerlich gerade auf der Erde geschieht, ist zwar beängstigend, doch nicht so sehr wegen des Geschehens selbst, sondern wegen der Art, wie Menschen darauf reagieren. Statt zu verstehen, dass es nicht weitergeht und dass es nur eine Frage der Zeit ist, wann die alte Szenerie zusammenbricht, versucht man und glaubt vor allem noch immer, dass es einen Rettungsweg im Bereich des Gewohnten gibt. Den gibt es aber nicht. Und wenn man von außen schaut, kann man sehen, dass das Alte nicht mehr die Kraft hat – es tut nur noch so, als hätte es sie noch immer. Auf geistiger Ebene ist die Entscheidung längst gefallen – nur das Neue kann gewinnen.

Jetzt ist es an euch inkarnierten Menschen zu entscheiden, wie der Weg sein wird – wie lange ihr noch am Alten festhalten wollt. Ihr entscheidet, wie lange ihr etwas, das sozusagen tot ist, noch künstlich am Leben erhalten wollt.

Das Leben kann in dem Rahmen des Alten nicht weiter existieren und schon gar nicht mehr blühen, somit ist klar, dass das Alte sich beugen muss. Leider ist der Übergang dieses Mal nicht so fließend und selbstverständlich, aber das heißt eben nicht, dass das Alte seine Macht behalten kann.

Im Hintergrund wird gerade ein Kampf zwischen den Pro- und Kontrakräften des Lebens geführt – ein Kampf, der schon seit über zweitausend Jahren geführt wird, der jetzt seinen Höhepunkt und damit auch den Schlusspunkt erreicht. Auch bei diesem Kampf ist auf unsichtbarer Ebene schon entschieden und klar, dass die Kräfte, welche die Entwicklung, das Wachstum und das Leben im Allgemeinen hintertreiben, nicht gewinnen können und auch nicht gewinnen werden.

Wer das sieht, wer diese Tatsachen kennt, kann das äußere Geschehen in aller Ruhe betrachten, weil es klar ist, dass nur das Leben gewinnen kann.

Es tut gut, das zu hören, und doch frage ich mich: Was geschieht in diesem Szenario mit der Menschheit? Kommen wir mit, schaffen wir es? Sind wir schon so weit, sind wir bereit dafür? Haben wir wirklich noch einen direkten Zugang zum Kern des Lebens in uns, wie du sagst, oder haben wir diese Möglichkeit vergessen und vielleicht sogar verloren?

Doch, dass schaffen wir. Ihr seht nur den inkarnierten Teil der Menschheit, doch wir sind viele mehr. Wir warten alle schon so lange auf diesen Moment, wieso sollten wir ihn jetzt verpassen?
Das geht doch nicht – hier ein Bild dazu: man durchquert eine Wüste, ist schon fast am Verdursten; und dann kommt man zum Wasser und statt den letzten Schritt zu tun, egal wie viel Anstrengung er kostet, um endlich zum Wasser zu kommen, gibt man auf. Das können wir als Menschheit nicht tun! Das wird die geistige Welt auch nicht zulassen.

Ihr kämpft mit euch selbst und gegeneinander, statt endlich zu realisieren, dass es gar nicht mehr darum geht.
Es geht jetzt darum, gemeinsam die Kräfte zu sammeln, um diese Gegenkräfte, die mit allen Mitteln versuchen, weiter an der Macht zu bleiben – obwohl das nicht ihr ursprünglicher Plan ist – zum Stillstand zu bringen. Das wird uns jedoch nur gelingen, wenn wir uns bewusst werden, dass sie keine Kraft besitzen, um uns zu besiegen – mit diesem Bewusstsein besiegen wir sie!

Diese Mächte haben enorme Kraft, sind wortwörtlich mächtig, doch können sie nicht gewinnen, weil sie am Ende sich selbst sabotieren und schwächen werden – sie werden sich selbst bekämpfen. Es lebt zu viel Unwahres, Verdrehtes, Künstliches und Unechtes in ihnen, als dass sie freiwillig ihre Natur noch wandeln könnten.

Sie werden sich bekennen müssen und werden damit ihr Gesicht verlieren. Sie sind nicht bereit zu erkennen, wie sie die Entwicklung stören und Leben zerstören, deswegen können sie nicht freiwillig in die Wandlung eintreten, sondern werden in tiefgehende Wandlungsprozesse begleitet werden müssen.

Der schwierigste Schritt auf diesem Weg der Befreiung ist für euch inkarnierte Menschen, diese Mächte zu durchschauen – sie hinter ihren Masken zu erkennen! Sie sind unglaublich schlau, haben sich immer weiter ausgebreitet und sich zusammen mit uns Menschen tiefer in der materiellen Welt inkarniert. Genau deswegen sind sie so sehr mit der Menschheit verwoben, dass wir sie oft nicht mehr sehen und erkennen – so sehr sind sie Teil unserer Welt geworden, dass wir sie meist gar nicht mehr als gefährlich, dem Leben und uns selbst gegenüber als feindlich gesinnt erleben.

Und das ist das Gefährlichste. Diese Gegenkräfte sind so tief unter unsere menschliche Haut gekrochen, dass wir kaum noch in der Lage sind, sie zu erkennen. Sie wirken durch Menschen, obwohl sie nicht direkt ein Teil von ihnen sind. Sie können sie als Werkzeuge nutzen und sind somit tief in uns als Menschheit verwoben.

Das ist der Grund, warum die Menschheit nicht einfach so erwachen kann, sondern regelrecht aus dem Tiefschlaf gerüttelt werden muss.

Alle Menschen, die in diesem oder in einem früheren Leben gegen das Leben, egal auf welche Art und Weise, gewirkt haben, tragen durch die gespeicherte Erinnerung in sich so etwas wie einen Andockpunkt, an den diese Gegenmächte sich ankoppeln können. Sie können diesen Menschen dadurch als Einfallstor in die menschliche Welt benutzen – oder mit einfachen Worten ausgedrückt, sie können durch ihn wirken. So kann man sagen, jeder Mensch hat potenziell in sich eine solche Erinnerungsstelle, die ausgenutzt werden kann.

Wie viele Menschen sind so bewusst auf dem persönlichen Weg, dass sie solche Stellen schon umgewandelt haben? Wie viele sind sich bewusst, wie schnell sie, bevor sie sich versehen, zum verlängerten Arm der Gegenkräfte werden können? Vielen scheint das unmöglich, aber wenn dieser Andockpunkt aktiv ist, merkt man eben selbst gar nicht, wie man von Gegenkräften „besetzt“ wird. Das passiert schneller, als man denken kann. Eben weil sie so tief im menschlichen Raum verwurzelt sind, erscheinen sie uns nicht als feindlich: sie sind innerhalb unseres Raumes und damit in unserem Inneren.

Das wird eine der größten Proben der Menschheit sein. Nur diejenigen, die diese Gefahr erkennen und sich bewusst befreien, werden wach genug sein, um dem Weg ins Neue folgen zu können.

Bei der endgültigen Ablösung werden diese Mächte viele Menschen, die zu tief und zu eng mit ihnen verwoben sind, in den Abgrund mitreißen. Das bedeutet nicht das Ende für diese Menschen, diese Seelen, doch werden sie einen tiefgehenden und schmerzhaften Aufwachprozess und eine grundlegende Wandlung durchmachen müssen, bevor sie sich innerlich wieder neu ausrichten können. So aufzuwachen braucht wesentlich länger, wird schmerzhafter und aufwendiger sein, doch viele werden diesem leidvollen Prozess nicht entgehen können.

Das bringt uns zu dem Teil deiner Frage, ob wir als Menschen wirklich noch den direkten Zugang zum Kern des Lebens haben. Den Schlüssel dazu haben alle Menschen irgendwann gehabt, doch haben sie ihn in vielen Fällen leider in irgendeinem Leben verloren. Natürlich heißt das nicht, dass sie ihn nicht mehr finden können!

Genau dieser direkte Zugang zum reinsten Leben wird das Entscheidende der nächsten Zeit sein. Erst im Kontakt mit dem reinsten Leben können wir die eigenen Kräfte sammeln und so auch die Gegenmächte erkennen.

Das sind die beiden entscheidenden Schritte, mit denen wir es als Menschheit gerade zu tun haben: bewusst in die eigene Kraft zu kommen und die Gegenmächte wahrzunehmen.

Das klingt doch ernst. Wir werden tief an unsere wunden Punkte geführt, werden nichts vorspielen können und „so tun, als ob". Das heißt, wir werden mit allem Unerlösten in uns konfrontiert. Was ist dabei wichtig für uns persönlich zu wissen – für jeden einzelnen von uns und genauso für uns als Menschheit? Was können wir tun, um die innere Befreiung, den eigenen Prozess zu beschleunigen? Was sollten wir dazu wissen?

Das Wichtigste ist das Bewusstsein, dass wir als Menschen Wesen des Lichts sind – von Natur aus sind wir dem Licht gewidmet. Folgen wir unserem Ursprung, dann orientieren wir uns innerlich immer nach dem Licht. Ob wir innerlich noch genügend frei sind, um das tun zu können, ist eine andere Frage, doch ursprünglich ist unser innerer Kompass immer auf das Licht ausgerichtet.

Das ist ein herausragend wichtiges Eigentum des Menschen. Dank dieser Ausrichtung sind wir geführt, begleitet und beschützt.
Wenn wir uns dessen bewusst sind, dann werden wir IMMER den Weg ins Licht finden, ohne uns zu verirren. „Wir sind Lichtwesen, wir sind Lichtwesen, wir sind Lichtwesen" – das sollte in der nächsten Zeit wie ein Mantra für uns sein. Das wird uns tragen, stärken und uns helfen, im Fluss zu bleiben.

Und es stimmt, dies ist keine Zeit für Masken, für Spielchen und Unwahrheiten – ALLES wird an die Oberfläche gespült und ihr werdet damit konfrontiert. Es geht nicht anders. Als Menschheit stehen wir vor einem riesigen Sprung und für diesen Sprung haben wir zu viel Gepäck – wir sind schlichtweg zu schwer, um springen zu können.

Wir müssen uns entlasten, wir sollten und können uns innerlich befreien. Es hilft enorm, wenn man es schafft, das als Geschenk und nicht als Last zu sehen.

Es ist doch gut, wenn endlich alles sichtbar wird, auch wenn es natürlich nicht schön ist, aber dann ist es raus, und kann nicht mehr versteckt und unter den Teppich gekehrt werden.

Das ist eine Zeit der Wahrheit! Alles, was nicht die ganze Wahrheit ist, muss jetzt angeschaut und verwandelt werden. Und wie bereits gesagt: alles, was sich nicht freiwillig wandelt, wird auf die eine oder andere Art dazu „gezwungen“ werden. Wie du siehst, hat es gar keinen Sinn, stur zu sein, denn die Wandlung wird nicht an uns vorbeigehen – wir Menschen werden ihr nicht entgehen können.

Wie können wir das Licht in diesen doch sehr dunklen Zeiten spüren, behalten und ihm treu bleiben? Wie sieht das von der anderen Seite her aus, kannst du uns helfen, klarer zu sehen?

Als nicht inkarnierte Seele spüren wir das Licht, weil das Licht unsere wahre Substanz ist. Bei euch inkarnierten Menschen ist das Licht in der Materie integriert. Das heißt absolut nicht, dass es dadurch schwächer ist, das Gegenteil ist der Fall – es muss noch stärker sein, um die Materie durchleuchten zu können, um die Materie durchdringen und durchstrahlen zu können.
Das Licht ist im Menschen materialisiert. Wir sind materialisiertes Licht! Daran können wir uns jeden Morgen als erstes erinnern, bevor wir den Tag beginnen. Wir sind nicht die schwere Materie, die das Licht abschwächt, sondern wir sind materialisiertes Licht.

Wenn man sich selbst im Körper spürt und erlebt, ist es vielleicht etwas schwieriger, sich das vorzustellen, aber das, was von uns bleibt, wenn wir beim Sterben den Körper verlassen, ist doch Licht, und das, was sich als Same bei der Zeugung in der Materie verankert und sich dann in der embryonalen Phase entwickelt, inkarniert und am Ende materialisiert, ist auch Licht. Was könnte deutlicher zeigen, dass wir Licht sind?

Vor allem, wenn es im Außen dunkler und die Luft schwerer wird, ist es umso wichtiger, das wärmende Licht nicht nur zu spüren, sondern auch leuchten zu lassen.

„Suche nicht nach dem Licht im Außen, weil du es nicht finden wirst, bis du dich nicht selbst als Licht erkennst." Das klingt ja schon fast wie eine spirituelle Floskel, aber ist doch sehr wahr und zentral zurzeit, oder?

Absolut. Das ist und wird in der nächsten Zeit das Erkennungsmerkmal sein. Jeder, ja, jeder Mensch wird sich entscheiden müssen, auf welcher „Seite" er steht – es wird ein ganz klares Bekenntnis verlangt. Diese laue, halbherzige Haltung, halb Sonne und gleichzeitig dunkelster Schatten, graues statt strahlendes Licht zu sein, damit wird es vorbei sein.

Je bewusster wir das Licht inkarnieren, umso einfacher wird es sein, dem Licht treu zu bleiben.

Bei der Frage, wofür wir einstehen, wird eine bewusste Antwort, eine Entscheidung von uns verlangt. Aber diese Frage wird in uns nicht so klar als Frage auftauchen. Vielleicht erkennen die Menschen gar nicht, dass es sich um diese Frage handelt. Sie werden durch ihre Taten und ihr Verhalten zeigen können, wie sie sich entscheiden, nicht durch schöne Worte. Deswegen ist es so essenziell, dass wir das Licht bewusst pflegen, bewusst leben und noch bewusster ausstrahlen.

Kannst du bitte noch mehr zu dieser wichtigen Entscheidung sagen? Damit steht und fällt ja alles, daher sollten wir gut vorbereitet sein. Geht es um die Entscheidung für das Leben?

Es geht um mehr als nur um eine Entscheidung für das Leben, es geht darum, den festen Entschluss für ein neues Leben zu fassen, für das Leben auf einer neuen Ebene. Natürlich könnte das Leben auf der alten Ebene weitergehen, doch das wäre ein Leben ohne Zugang zur neuen Schwingung. Es geht um die Bereitschaft für den Quantensprung. Und dazu braucht es die innere Entscheidung und eine entscheidende innere wie äußere Anstrengung. Das ist die Entscheidung für exponentielles Wachstum, für grundsätzliche Veränderung, für eine tiefgreifende Wandlung, die mit der Entscheidung noch nicht vollzogen ist, sondern damit erst richtig ins Rollen kommt.

Alle momentan inkarnierten Seelen werden sich mit dieser Frage konfrontieren müssen.
Es geht dabei nicht um die Frage, ob man fähig ist oder nicht, sondern darum, sich bewusst dafür zu entscheiden, egal was diese Entscheidung mit sich bringt.

In der Situation, wie sie gerade auf der Welt herrscht, wird das keine einfache Entscheidung sein, weil diese Haltung sehr wahrscheinlich nicht in den Rahmen des Mainstreams passt. Das heißt, es ist gut möglich, dass man wegen dieser Entscheidung schräg angeschaut, verspottet oder gar ausgestoßen wird.
Genau deswegen ist es absolut entscheidend, dass die innere Ausrichtung auf das Licht, auf das Neue unerschütterlich ist.

Es reicht nicht, wenn wir heute meinen, dass wir lieber ins Neue gehen möchten als in dem Alten zu bleiben – das ist viel zu schwach. Das reicht absolut nicht! Ihr werdet viel zu schnell wacklige Beine bekommen und viel zu schnell von äußeren und inneren Ängsten ergriffen, ihr werdet zu schnell bereit sein, dem Mainstream zu folgen.

Die Entscheidung für das, was jetzt als Menschheit vor uns steht, ist die Entscheidung für etwas Großes, und dafür muss die innere Bereitschaft auch GROSS sein.

Kann es sein, dass wir es noch immer nicht begreifen, dass es um eine Dimension der Veränderungen geht, die wir absolut nicht kennen? Ich merke selber, dass ich keine wirkliche Vorstellung habe, wie groß das ist. Ich glaube, wir stellen uns eine Veränderung

in dem uns bekannten Rahmen vor, so eine Art schönheitskosmetische Korrektur.
Natürlich hören wir, dass die Welt ganz anders sein wird, aber da wir als Menschen auf der Erde jetzt inkarniert sind, ist es wirklich schwierig, die bekannten Bilder loszulassen und uns frei und offen in etwas zu stürzen, wovon wir keine Ahnung haben.

Was könnte uns dabei helfen? Wie könnten wir freier werden? Wie können wir unsere Begrenzungen sprengen, um jenseits des uns Bekannten die Welt neu anzuschauen?

Es stimmt nicht ganz, dass wir solch große Veränderungen als Menschheit nicht kennen. Wir haben schon ähnliche Sprünge gemacht und erlebt. Ich sage bewusst ähnliche, weil bis jetzt noch keiner so groß war.

In der Zeit, zu der wir als Menschheit noch nicht physisch auf der Erde inkarniert waren, sind wir als Zivilisation schon durch große Veränderungen gegangen und haben viele Dimensionsportale durchschritten. Doch das ist für uns alle schon sehr weit weg und die jetzige Phase des materialisierten Lebens ist für uns alle so prägend, dass unsere Erinnerung nicht mehr so weit zurückreicht. Aber als Zellerinnerung haben wir sie doch in uns gespeichert – das heißt, auf einer Ebene unseres Seins tragen wir sie doch in unseren Zellen.

Je weniger Last wir aus unseren früheren sowie der jetzigen inkarnierten Phase des menschlichen Lebens mittragen, umso einfacher wird es für unsere Seele, auf dieses Zellenwissen zurückzugreifen und umso schneller und flexibler können wir uns an das Geschehen anpassen.

Es ist nicht zufällig, dass gerade jetzt alles hochgekocht wird – wie bereits erwähnt, werden wir zurzeit gnadenlos mit alten Geschichten, schmerzhaftem Groll, mit unerlösten Situationen und ungeklärten Beziehungen konfrontiert. Wir sind mitten in einer Generalreinigung.
Doch wenn wir das im Zusammenhang mit der großen Veränderung des Le-

bens sehen, können wir das besser verstehen, annehmen und mitvollziehen. Wir müssen freier und leichter werden!

Vielleicht würde es helfen, wenn ihr den Drang, die neue Welt unbedingt sehen zu müssen, verabschiedet. Das würde euch den Druck wegnehmen.

Ihr solltet den Fokus weiterhin auf dem materialisierten, tief inkarnierten Leben und dem irdischen Bewusstsein behalten, weil ihr das gerade braucht, um die nötigen Schritte als Menschheit zu tun.

Ist der Prozess so weit fortgeschritten, dass wir für die innere Öffnung und die Beschleunigung des Bewusstwerdens bereit sind, wird das Schritt für Schritt geschehen, so dass diejenigen, die sich dafür entscheiden, auch die Möglichkeit haben mitzukommen. Solange das nicht geschieht, werdet ihr das Neue nicht sehen können. Es ist noch unsichtbar für euch, weil es noch nicht in eurer Reichweite ist.

Es ist so wichtig, dass ihr euch bewusst seid, wie groß, entscheidend, überwältigend, unbeschreiblich und überdimensional diese Veränderung, oder noch besser gesagt, dieser grundlegende Sprung, sein wird. Somit werdet ihr den momentanen Wandlungsprozess ernster nehmen.

Als Helfer für diesen Übergang sind auch wir da – die zurzeit nicht inkarnierten Seelen. Wir haben den Einblick ins Jenseits, auch wenn die anstehenden Umwälzungen für uns in vielerlei Hinsicht noch unbekannt und unbeschreiblich sind. Auch wir stehen als Seelen vor etwas gänzlich Neuem, obschon wir weiter blicken können – obschon wir weniger begrenzt sind.
Wir gehen durch dieses Portal gemeinsam und wir können euch schon jetzt sehr unterstützen.

Bitte, hört auf, uns bloß als Verstorbene zu sehen, um uns zu trauern, unsere physische Präsenz zu vermissen und zu beklagen, dass wir nicht mehr verkörpert neben euch stehen. Ihr braucht nicht Mitleid mit uns zu haben! Damit grenzt ihr uns aus, ihr entzieht uns Kraft, ihr nehmt uns die Möglichkeit, aktiv zu sein, ihr schließt uns regelrecht die Türe vor der Nase zu. Bitte!

Das Gefühl der vereinigten Menschheit

Wir sind Eins – wir sind eine Menschheit, wir sind eine Einheit. Wir sind noch immer Eins. Nein, wir stehen nicht auf zwei unterschiedlichen Seiten, auch nicht auf zwei unterschiedlichen Ebenen und wir bewegen uns auch nicht in parallelen Welten. Wir sind eine Einheit. Wir sind noch immer zusammen und gehen gemeinsam diesen Weg.

Es stimmt, ihr seid inkarniert und wir nicht, aber das braucht uns nicht zu trennen, sondern gibt uns paradoxerweise sogar die Möglichkeit, uns noch enger zu verbinden.
Es gibt nichts, was uns trennen kann – auch Raum und Zeit nicht, die sonst in der materiellen Welt als Hauptgründe für die Trennung von inkarnierten und nicht inkarnierten Seelen genannt werden.

Dies ist ein glühender Appell an euch inkarnierte Menschen. Wir brauchen euch und ihr braucht uns genauso. Es ist kein Zufall, wer jetzt nicht inkarniert ist und auch nicht, wer jetzt gerade inkarniert ist. Wir brauchen einander, weil wir nur zusammen durch dieses Dimensionsportal gehen können. Wir können es genauso wenig alleine durchschreiten wie ihr ohne uns. Nur vereint und zusammen können wir diesen gewaltigen Schritt tun.

Das ist ein großes Thema, finde ich: es spielt so vieles mit bei dieser Trennung. Im Lauf der Zeit wurde uns Menschen so viel Angst vor dem Tod vermittelt, so viel Belastendes auf diesen Übergang projiziert, so viele Versprechen ausgesprochen, so viel Trauer darübergelegt, so viele Tabus wurden aufgebaut, so viele Türen verschlossen und so viele Tränen vergossen, dass nicht nur eine massive Trennung, sondern eine richtige Wand des Schweigens, des Trauerns und des Abschiedes aufgebaut wurde. Eigentlich ist es absurd und doch ist das Teil der Normalität auf dieser Erde geworden. Täglich wird diese Mauer dicker und massiver ... Woher kommt das?
Warum haben wir als Menschheit diese Einheit mit euch verloren? Und meine wichtigste Frage ist natürlich, was können wir tun – jeder persönlich in seinem Leben und auch auf der kollektiven Ebene?

Ich möchte ganz ehrlich sein und euch sagen, was ich sehe und erlebe, wenn ich alles aus dieser Weite des Lebens betrachte. Es ist leider ein Teil des Plans der Gegenkräfte, uns als Menschheit zu schwächen! Überlegt euch, wie würden wir in der Welt als Menschheit dastehen, wenn wir als eine Einheit auftreten würden? – Ja, genau, wir wären unbesiegbar. Und genau das ist für die andere Seite, die gegen die Entwicklung wirkt, zu gefährlich. Uns zu teilen und zu trennen war der einfachste Weg, unsere Kraft zu halbieren.

Wir können das klar verfolgen, die Menschen haben früher immer mit den Ahnen, mit den nicht inkarnierten Seelen Kontakt gehabt und haben mit ihnen sozusagen zusammengelebt. Der Anfang dieser Trennung fand ungefähr vor zweitausend Jahren statt; was für ein „Zufall", dass das gerade zur selben Zeit war, wie der schon erwähnte „Krieg" zwischen den Kräften, die für das Leben wirken, und denjenigen, die gegen die Entwicklung des Lebens arbeiten. Das ist ganz offensichtlich eine Falle, in die wir als Menschheit geraten sind.

Es kommt nämlich noch etwas Entscheidendes hinzu: Halten wir diese Trennung zwischen den sichtbaren und unsichtbaren Seelen weiter aufrecht, verlieren auch wir als inkarnierte Menschen immer mehr den Kontakt zu unserem eigenen unsichtbaren Teil. Diese Trennung hat gravierende Folgen für uns Menschen, deren wir uns gar nicht bewusst sind.
Uns Menschen wird dadurch nicht nur Kraft gestohlen, sondern es wird uns auch die Hoffnung geraubt, das Vertrauen ins Leben geschwächt, das Gefühl des Einsseins genommen und vieles mehr.

Dies ist ein riesiger Riss in unserer Entwicklung. Wir verlieren dadurch immer weiter an Selbstständigkeit.

In dem Moment, als der Tod nicht mehr als Schwelle von einem in ein anderes Leben, sondern als Ende dargestellt wurde, hat sich unser Bild des Lebens grundlegend verändert. Dieses Neblige, Unklare, Unsichere, Unbekannte, Unsichtbare, das nach dem Leben kommt, wurde immer blasser dargestellt, bis es langsam ganz ausgelöscht wurde. Stattdessen entstand dort ein schwarzes Loch, in dem wir alle nach unserem Tod verschwinden.

Ich zeichne es hier bewusst einfacher und eingängiger, weil es im Kern auch wirklich so gemeint, geplant und gewollt wurde.

Wenn wir glauben, dass wir durch den Tod verschwinden, dass das Sterben das Ende ist, dann färbt das natürlich unser gesamtes Leben von Grund auf. Das greift gravierend in unser Lebensbild ein, in unsere Vorstellung, was und wie das Leben ist. Es nimmt uns das Vertrauen, dass wir vom Leben getragen sind, es nimmt uns auch die Tiefe des Lebens, weil wir ja angeblich nur diese kurze Zeit eines Lebens haben.

Was vielen Menschen dabei gefällt und vielleicht sogar als Erleichterung gesehen wird, ist die Tatsache, dass uns damit auch die Selbstverantwortung für unsere Taten auf eine Art und Weise genommen wird. Wenn wir nicht an das Leben nach dem Leben glauben, gibt es auch weder unangenehme Konfrontationen und Klärungen, noch Folgen für uns selbst und unser Umfeld nach dem Leben oder in einem anderen Leben. Im schwarzen Loch verschwindet so alles.

Doch wie lebe ich mein Leben, wenn ich im Bewusstsein den Gedanken trage, dass sich am Ende sowieso alles, was ich je erlebt habe, einfach nur zerstreut und in Luft auflöst? Das Leben verliert damit enorm an Lebendigkeit, ein beträchtlicher Teil der Schönheit des Lebens ist uns genommen. Was für einen Sinn macht es, sich im Leben anzustrengen, etwas Gutes zu tun, wenn am Ende sowieso alles verschwindet und nur noch in den Erinnerungen der anderen lebt?

Und das steigert sich noch mit dem Bild des „bösen“ Todes, das uns aufgezwungen wurde und mit dem uns sogar gedroht wird. Die Wahrheit könnte nicht stärker verdreht werden: Wir werden als einzelne Menschen klein gehalten mit Lügen und einem falschen Bild von diesem unglaublichen Lebensportal und damit vom Übergang. Und als Menschheit werden wir durch das, was eigentlich eine Verbindungstür ist, getrennt. Könnte es noch absurder sein?

Der Tod ist ein wichtiger Teil des Lebens, den wir, so notwendig wie die Luft zum Atmen, für unsere Entwicklung brauchen. Wie kann es sein, dass heute

noch ein Bild des Todes gebraucht wird, um Millionen Menschen in Schach zu halten – die daran glauben, dass sie nach dem Tod, wenn sie sich nicht an ganz bestimmte Regeln im Leben halten, verdammt und von Gott verlassen werden?
Wer hat das Recht, so etwas zu sagen und vor allem: würde jemand so etwas sagen, wenn er für das Gute der Menschheit wirken würde? Keiner! Dahinter steht ein gezielter Missbrauch der Lebenskraft.

Wir, als Menschheit, wurden dadurch getrennt. Wir haben unseren gemeinsamen menschlichen Raum verloren – er wurde uns wortwörtlich gestohlen!

Ich vermute, wir kommen noch auf dieses Thema zurück, weil es für uns als Menschheit so zentral ist. Der Bezug zum Tod und zum nicht inkarnierten Teil der Menschheit prägt uns viel mehr, als wir uns vorstellen können. Er färbt wirklich unsere gesamte Präsenz und unser Sein.

Doch vielleicht erstmal so viel, um eine kurze Antwort darauf zu geben, warum dem so ist.

Vielleicht ist es aber gerade besonders wichtig, über deine Frage zu sprechen, was wir tun können, um etwas zu verändern.

Es ist entscheidend, dass wir verstehen, wie es überhaupt zu dieser Trennung kam. Erst dann begreifen wir wirklich, was dies für uns als Menschheit bedeutet und was wir konkret tun können. Wieder geht es ums Aufwachen – auch bei diesem Thema.

Wir sollten als Menschheit diese völlig verzerrten Bilder des Todes und seiner Bedeutung so schnell wie möglich in einem schwarzen Loch vergraben – ich sage das bewusst so sarkastisch, weil es enorm schmerzhaft ist, wenn wir so abgetrennt sind. Es tut weh, wenn ich versuche, mit den zurzeit inkarnierten Menschen, die mir in meinem Leben sogar nahe standen, Kontakt aufzunehmen, und ich als nicht inkarnierte Seele nicht gesehen, nicht gespürt, nicht verstanden, nicht gehört und oft einfach ignoriert werde. Auch wenn ich weiß, dass das oft gar nicht an diesen Menschen liegt, dass sie mich wirklich nicht hören können, sondern an dem kollektiven Bild, das die Menschheit vom Jenseits hat, ändert das nichts an der schmerzlichen Tatsache, dass wir einander nicht mehr haben. Und es ist noch schmerzhafter, wenn ich sehen kann, dass das nur eine Falle ist, in die wir ganz und gar hineingefallen sind! Das ist ein böses Spiel und wir sind die Opfer dieses Spieles.

Es ist höchste Zeit, das wir aufwachen und merken, wie wir durch diese falschen Bilder über den Tod manipuliert werden und welchen Preis wir ALLE dafür zahlen. Nur wir selbst können das ändern – du und ich tun das gerade. Niemand wird eines Tages kommen und sagen: Entschuldigung, das war aber wirklich nicht nett von uns, ihr könnt euch jetzt wieder vereinigen. Lasst uns immer mehr die Hände reichen, um diese Barriere zu durchleuchten, zu durchbrechen und sie aufzulösen.

Es ist essenziell, dass wir wieder ein neues, reales und freundliches Bild für den Übergang finden, ein Bild, das uns hilft, ein gesundes Verhältnis zum Leben nach dem Leben aufzubauen. Wie du siehst, sage ich bewusst nicht Leben nach dem Tod.

Wir können vieles tun, doch wir sollten auch bereit sein, dass sich vieles im Leben dadurch verändern wird. Wenn wir dafür nicht bereit sind, ist es sicherer, weiter im Käfig zu verbleiben.
Unser Lebensfundament wurde bewusst deformiert, um uns zu lenken. Wenn wir das jetzt korrigieren, werden wir natürlich auch das darauf aufgebaute Lebensgebäude anpassen müssen. Das werden zwar alles nur gute Veränderungen sein, doch gerade die sind ja oft nicht einfach zu ertragen.

Ich glaube, da lohnt es sich wirklich noch tiefer einzusteigen, weil, wie du sagst, wir gar nicht merken, wie sehr wir von falschen Vorstellungen gelenkt und beherrscht werden. Das ist ja so zentral für unsere menschliche Natur.
Aber vielleicht können uns nur deshalb solche falschen und verzerrten Bilder des Todes so stark beeinflussen, weil wir unser eigenes Todeserlebnis im Prozess der neuen Inkarnation selbst vergessen haben. Damit

haben wir keine eigenen Bilder, Gefühle und „Beweise“, dass es anders ist, deswegen können wir so leicht in die Irre geführt werden.
Könntest du uns da helfen und uns ein Bild geben, was mit einem Menschen geschieht, wenn er als Mensch stirbt und als körperlose Seele in das Leben nach dem Leben tritt? Was ist das für ein Prozess und was genau passiert mit uns dann? Wahrscheinlich gibt es viel Literatur darüber, aber ich würde gerne jetzt von dir aus erster Hand hören, wie sich das anfühlt. Kannst du uns dieses Geschehen bitte näherbringen?

Das wird aber eine etwas längere Antwort.

Als ich selber in diesem Prozess stand, hätte ich mir gewünscht, mehr darüber zu wissen, weil auch ich von dieser kollektiven Mauer beeinflusst und dadurch auf vielen Ebenen blockiert war. Diese Tatsache, dass es in diesem Leben auf der Erde zu Ende geht, ist in dem Augenblick natürlich erschreckend und es hat sich alles in mir zusammengezogen. Deswegen war es für mich ein längerer Prozess, aus dieser inneren Erstarrung überhaupt herauszukommen. Das hat mich innerlich gelähmt und ich war in vielerlei Hinsicht nicht mehr ich selbst – ich konnte nicht ich selbst sein, weil ich nicht mehr frei war und auch selbst so stark von diesem kollektiven eisernen Vorhang beeindruckt war. Das ist natürlich in solch einem Prozess gar nicht hilfreich.
Als ich mich durchgekämpft hatte – du hast meinen Kampf sehr stark und hautnah erlebt und mir dadurch sehr geholfen –, konnte ich aber in einem Augenblick ganz plötzlich loslassen. Es ist wirklich ein ähnliches Gefühl, wie wenn man einen Luftballon an einer Schnur hält, und in einem bestimmten Moment lässt man ihn los, lässt man ihn frei in den Himmel fliegen.

Das ist eine Entscheidung, für die es so wichtig ist, dass wir sie selber fällen können, weil sie den Verlauf des gesamten Ablösungsprozesses stark beeinflusst. Leider ist das heute gar nicht mehr selbstverständlich, weil man in der Medizin bis zum letzten Atemzug noch versucht, den Menschen „zu retten“ und ihm damit die Entscheidungsmöglichkeit nimmt. Damit ist der natürliche Prozess wie auch der weitere Verlauf dieses Weges empfindlich gestört.

In die Kraft des All-seins

Ich selbst habe im Augenblick des Loslassens eine Verdichtung der Energie erwartet und damit eine gewisse Enge, doch habe ich das absolute Gegenteil erlebt: es ist eine innere Befreiung, weil die ganze Weite der Seele sich wieder entfaltet.

Das, was man Sterbeprozess nennt, können wir wirklich mit dem Prozess der Metamorphose einer Raupe in einen Schmetterling vergleichen. Alles zieht sich zusammen, und zwar auf allen Ebenen – alles muss übersetzt, vorbereitet, zusammengefasst werden. Alles, was wir im Leben erlebt haben, was wir gespeichert haben, was uns als Seele berührt hat, was für unsere weitere Entwicklung auch wichtig ist, wird gesammelt und daraus bildet sich ein Kokon, in dem wir diesen inneren Übergang erleben können. Der Prozess ist etwas anders, wenn jemand einen sehr unerwarteten und schnellen Übergangsprozess und Tod erlebt.

Dieser Moment des aus dem Kokon Schlüpfens ist für den Schmetterling, für die Seele etwas Großartiges, weil das Gewicht abfällt und die Seele wieder in die Ewigkeit geboren wird.

Das bedeutet aber noch nicht, dass die Seele gleich in das All-eins zurückkehrt. Der Prozess der Ablösung von der Materie braucht Zeit, so wie die Bildung des Körpers vor der Geburt und der Inkarnationsprozess Zeit brauchen.

Dieser erste Augenblick des Loslassens ist ein außerordentlich starkes und markantes Erlebnis und eine enorme Befreiung für jede Seele, aber dann beginnt eine sehr intensive Phase der Ablösung. Verkürzt würde man sagen, dass die Seele all das abarbeitet, was sie zu einer individuellen Persönlichkeit während des Lebens gemacht hat.

Es ist ein Prozess, in dem die Seele wieder ganz zurück zu sich selbst, zum tiefsten Kern findet. Das ist schwieriger für die Seelen, die im Leben nicht ihr wahres Gesicht gezeigt haben – die nicht sich selbst und ihrer eigenen Natur gefolgt sind. In dem Fall bedeutet das ein mühsames Suchen und Wiederentdecken, bis man wieder bei sich ankommen kann.

Es ist wie eine Mühle, durch welche die Seele geht, und alle Informationen, alle Erlebnisse, Erinnerungen, Bilder, alle Erfahrungen aus dem Leben der Seele werden immer feiner gemahlen.
Die Seele braucht diese Zeit, um alles von einer Dimension in die andere zu übertragen und zu übersetzen.

Das wird einfacher, je bewusster ein Mensch sein Leben gelebt hat, und umso schwieriger, je unbewusster das Leben sowie der Übergang erlebt und gelebt wurden. Wenn wir bei dem Bild der Mühle bleiben, dann sind in diesem Fall viele Unreinheiten bis hin zu großen Steinen zwischen den Körnern und dem Saatgut. So beginnt zuerst die Reinigung und die damit verbundene Verarbeitung, Klärung und Aussortierung, bevor der wirkliche Prozess des Zermahlens stattfinden kann.

Viel zu unbekannt ist auch, dass die Seele, auch wenn sie nicht mehr direkt im Körper lebt, noch eine gewisse Zeit den Körper braucht – und zwar gewissermaßen als Nahrung, als Orientierung, auch als Verankerung und auch, um die gespeicherten und gesammelten Impulse noch zu übertragen. Es ist tatsächlich wie eine Nabelschnur da, die der Seele den weiteren Kontakt zur Materie und zum Körper ermöglicht. Die Verbindung löst sich natürlich auf, wenn dieser Kontakt nicht mehr notwendig ist. Sehr oft wird der Körper der Seele zu schnell weggenommen. Das ist nicht gesund, weil ein abrupter Verlust des Körpers auch eine gewisse zu schnelle Abtrennung von der Materie bedeutet – das kann zu einer Sturzgeburt führen.

Wie dieser ganze Prozess abläuft, hängt wiederum stark vom ganzen Leben und auch den Erfahrungen aus früheren Leben ab. Und es hängt davon ab, wie sehr sich die Seele auf die Mitmenschen aus dem Leben stützen kann, wie stark die Klärungsprozesse weiter stattfinden können, wie weit das ganze Umfeld aus dem Leben der Seele fähig ist, einen Raum für die Seele zu halten, damit sie sich vollständig ablösen kann.

Als Bild könnten wir einen Baum nehmen, der tief in der Erde verwurzelt ist und seine Präsenz bis zu den kleinsten Wurzeln ausgedehnt hat. Genauso dehnt sich eine Seele mit ihrer Präsenz überall aus, und so hängt ihr eigener Prozess

nicht nur mit ihr selbst zusammen, sondern auch mit dem Ablösungsprozess von allen ihren Mitmenschen oder besser gesagt allen Mitseelen.
Das ist ein recht komplexes Geschehen. Und vielleicht gehe ich zu weit in dieser Erklärung, aber es ist nicht so einfach, wie das oft dargestellt wird: der Mensch stirbt, sammelt und entmaterialisiert sich – und das war es.
Es ist ein Weg, der in der menschlichen Zeitmessung einige Jahre dauert. Die Seele zieht immer mehr ihre Präsenz aus den Wurzeln, aus der Materie, verarbeitet ihre Erfahrungen und löst sie dann auch wirklich auf.

Dieser Prozess ist natürlich nicht nur einfach und schön, weil man als Seele das Erlebte auf der Erde aus einem anderen Blickwinkel zu sehen bekommt. Das ist einerseits schön, es ist aber auch schmerzhaft, weil man plötzlich andere Zusammenhänge sieht, weil man dann erkennt, was man als Mensch nicht sehen, verstehen und fühlen konnte.
Die Wahrheit ist nicht mehr in Watte gepackt, wird nicht mit diversen Entschuldigungen oder mit zu einfachen Erklärungen verklärt, dass man nicht wusste, was wirklich geschieht oder ähnliches, sondern man wird mit der nackten Wahrheit konfrontiert, mit allen Gefühlen, Emotionen, Bildern und Tatsachen, die dazugehören.

Man schaut sich selbst im Spiegel an, der jedoch nichts anderes als die reine Wahrheit kennt.

Dieser Prozess ist ein großer Reifungsprozess der Seele, weil sie erst im Rückblick die wahren Lebenszusammenhänge in der Tiefe begreifen kann.

Wenn die Seele dank dieses ganzen Prozesses wie eine Frucht gereift ist, ist sie erst bereit, in die Weite des All-eins zurückzukehren. Das ist eine notwendige Vorbereitung, weil die Seele sich in dem All-eins verlieren würde, wenn sie vorher nicht zurück zu sich selbst und zu der eigenen Reinheit gefunden hätte.

Wenn sie in der Weite angekommen ist, dann ist sie komplett jenseits der materiellen Existenz und verliert damit auch den direkten Zugang zur Materie.
Die Seele bleibt wie in einem eigenen Fokus gesammelt und zentriert, aber sie ist nicht mehr begrenzt – sie ist nun jenseits der zeitlichen und räumlichen Begrenzungen, denen wir als Menschen unterliegen.

Zurück zu deiner Frage: dieser Übergangsprozess ist ein Fest, eine Metamorphose, eine Geburt, ein gigantisches Erlebnis für die Seele – es ist die Krönung eines Lebens. Es ist viel schwieriger, wenn wir das nicht wissen, weil wir dann nicht vorbereitet und in vielerlei Hinsicht verloren sind.

Vor allem verpassen wir aber die Feier des Lebens. Das ist unsere Ernte als Seele, weil wir die Früchte erst dann wirklich erkennen und in Gänze erleben. So sollte die Feier beim Sterbeprozess etwas Ähnliches sein wie ein Erntedankfest. Dieses Fest hat nichts mit Trauer und Verlust zu tun, sondern vielmehr mit der Fülle, mit Dankbarkeit und innerer Freude.

Damit meine ich nicht, dass der Abschied nicht auch wehtut und dass der Verlust der lieben Menschen nicht mit Traurigkeit verbunden sein darf. Natürlich ist auch das Teil des Ablösungsprozesses und auch der soll seinen Platz und seinen Raum bekommen.

Es ist nur wichtig dabei, dass wir uns von der Trauer nicht so überwältigen lassen, dass wir die Verbindung zur Seele des verstorbenen Menschen verlieren und uns damit der Trennungskraft übergeben. Die Gefahr, dass das geschieht, ist groß, vor allem wegen der kollektiven Programmierungen, denen wir in diesem Zusammenhang doch noch folgen.

Und genau das ist der Punkt, der so wichtig ist, weil es an uns Menschen ist, das zu ändern. Wir behindern uns sonst selbst auf dem Entwicklungsweg. Als Erinnerung: wir können den Schritt, der vor uns liegt, nur gemeinsam meistern – die Menschheit als eine Ganzheit!!

Das ist wirklich spannend, mittlerweile wissen wir schon viel über die Erfahrungen der Seele bei der Geburt, doch der Prozess des Sterbens ist noch wie von einem grauen Tuch umwickelt. In der Tiefe wissen und verstehen wir so wenig davon und ich glaube, genau das blockiert und bremst uns mehr, als uns bewusst ist. Weil es für uns nebulös und unklar ist, werden so viele Ängste damit verbunden,

was uns wieder zurück zu der Manipulation bringt, die an dieser empfindlichen Stelle stattfinden kann.

Wenn ich richtig verstanden habe, sind die sogenannten Hinterbliebenen wichtige Stützen für die Seele in ihrem Prozess. Wie erlebt die Seele diese Hilfe? Kannst du uns aus deiner Erfahrung berichten?

Die Seele befindet sich noch eine Zeit wie in einem Zwischenraum – der physische Körper wurde verlassen, doch der Raum der Seelen-Ewigkeit ist noch nicht betreten. Ich habe bereits erklärt warum, aber um diesen Verarbeitungsprozess tun zu können, ist die Seele angewiesen auf den weiteren Zugang zu konkreten Menschen, Orten und Erlebnissen und den bekommt sie vor allem durch die Mitmenschen, natürlich auch durch andere Wesen und Begleiter. Für die Seele sind das wichtige Verankerungspunkte und Stützen, weil sie dadurch den direkten Draht zum Leben behalten kann.

Die Seele muss ihre Früchte ernten, sonst sind sie für die Seele verloren. Und vor allem in den ersten Phasen der Ablösung von der Materie spielen die Mitmenschen aus dem eben hinter sich gelassenen Leben dabei eine entscheidende Rolle. Sie sind wie Eingangstüren, durch welche die Seele den Raum des konkreten Lebens weiterhin betreten kann, um die eigenen Prozesse, die sie für ihr Wachstum braucht, vollziehen zu können.

Verschwinden die Mitmenschen jedoch hinter einem Schleier von Trauer und Verlustangst, sind sie selber nicht mehr wirklich präsent in ihrem eigenen Leben, so können sie auch keine Stütze für die Seele sein. Zu sehr sind sie selbst verloren, um der Seele den Raum anbieten zu können, den sie jetzt wirklich braucht. Für eine Seele, die durch einen solch tiefgehenden Prozess geht, ist das ein einschneidender Verlust, weil sie den Zugang nicht mehr bekommt.

Wenn die Menschen sich bewusst wären, dass genau diese Situation die Möglichkeit eröffnet, eine neue Nähe, eine neue Beziehung, ein neues Zusammensein mit der Seele des verstorbenen Menschen zu entwickeln, würden sie sich in vielen Situationen grundlegend anders verhalten.

Aus dem Blickwinkel der gegangenen Seele ist das ewige Trauern belastend, und eher ein egoistisches Getue, weil es schwer verständlich ist, warum gerade dann, wenn die Seele eine helfende Hand braucht, sie auf taube Ohren und verlorene Augen stößt. Diese trennende Mauer zwischen sichtbarer und unsichtbarer Welt ist aus der Perspektive der Seele fast nicht zu fassen, vor allem, weil diese Abtrennung so schlagartig – durch den Übergang – da ist.

Natürlich wird die Seele dann andere Möglichkeiten finden, um ihren Weg trotzdem weiterzugehen. Aber zunächst ist das schon arg gewöhnungsbedürftig, wenn man plötzlich von den anderen nicht mehr verstanden und wie durch eine dicke Glasscheibe angeschaut wird, bis dahin, dass man merkt, man existiert für die Mitmenschen gar nicht mehr. Für die Seele existiert die Welt natürlich weiter, nur dass die physische Ebene eine völlig andere Form bekommt und dadurch alles eine andere Erscheinung annimmt, aber alles ist noch präsent wie bisher. Deswegen ist es äußerst schwierig, diese Trennungswand einfach so zu akzeptieren.

Ich persönlich wurde begleitet, gehört und unterstützt, doch wenn ich mir das anders vorstelle, hätte ich mich schon verlassen gefühlt. Die Mitmenschen der Seele denken, dass sie von der gegangenen Seele verlassen wurden, doch eigentlich verlassen sie die Seele, weil sie den Kontakt und den Austausch nicht mehr pflegen. Damit stellen sie sich unbewusst hinter die kollektive Trennungsmauer, machen sich selbst unsichtbar und unerreichbar. Wie fatal: obwohl sich beide Seiten nach Nähe zum anderen sehnen, fühlen sich beide verlassen und können sich in dieser Verwirrtheit nicht finden!

Es ist an der Zeit, dass wir diese Mauer des Schweigens und der Trennung durchbrechen und sie in einen Raum der Gemeinsamkeit verwandeln.

Wir wissen zwar alle, dass dieses Kreisen zwischen dem Leben und dem „Leben nach dem Leben“ etwas ganz Natürliches ist, dass unser Lebensverlauf mit den vier Jahreszeiten vergleichbar ist, dieser Wechsel von sichtbaren und unsichtbaren Dimensionen

wichtig ist und doch hören wir oft, wenn vor allem junge Menschen sterben: „Sie stand doch noch so voll im Leben; er wurde aus dem Leben gerissen; sie wurde uns von der bösen Krankheit weggenommen, oder er hätte noch so viel zu geben gehabt, musste aber gehen…“ Wie vollzieht sich das? Wird die Seele irgendwann wieder zurück nach Hause gerufen? Bekommt sie einen höheren Befehl, gehen zu müssen? Wird sie überrascht, oder entscheiden wir uns als Seele doch selbst, wann unser Moment gekommen ist?

Bevor wir uns auf der Erde inkarnieren, haben wir uns als Seele eine Ausrichtung für das kommende Leben vorgenommen. Damit wissen wir, was wir in diesem bevorstehenden Leben als Seele lernen möchten. Folgerichtig werden wir im Leben in eine bestimmte Rolle gestellt, die uns die Möglichkeit gibt, als Seele weiter zu werden und so zu wachsen. Was bislang meist völlig missverstanden wird: Auch die Art und Weise, wie die Seele den Übergang beim Sterben meistert, ist Teil des Lehrgangs, den wir uns als Aufgabe vornehmen.

Die Seele wird nie aus dem Leben gerissen und sie wird nie mit einer schweren Krankheit bestraft oder aus dem Leben katapultiert. Nie. Die Seele entscheidet über den Lebensverlauf einzig und allein selbst.

Doch geschieht es oft, dass sich die Seele selbst für eine Krankheit entscheidet, weil sie die Notbremse ziehen will. Wenn der Mensch sich ganz vom vorgenommenen Weg und den eigenen Lernmöglichkeiten entfernt, nutzt die Seele die Krankheit als Möglichkeit für eine Wegkorrektur oder gar, wenn sie keine Chancen für eine Korrektur mehr sieht, als Notausgang.

Aber das will ich nicht pauschalisieren. Eine Seele kann sich durchaus für eine schwere Krankheit als Lernprozess entscheiden oder als „Reset“ mitten im Leben – was wie ein Neuanfang oder fast wie eine „neue Inkarnation“ zu sehen ist. Eine Krankheit kommt manchmal auch, damit sich die Seele selbst wiederfinden oder sich tiefer kennen lernen kann. Es gibt so viele unterschiedliche Facetten, deswegen macht es keinen Sinn, voreilig etwas zu behaupten, zu beurteilen oder gar zu projizieren.

Um tiefer in das Gefühl des Inkarnationsstroms einzutauchen

Ich kann nicht genug betonen, dass eine Seele oder besser gesagt, ein Mensch niemals mit einer Krankheit bestraft wird, nie wird ihm ein Leiden von außen auferlegt!

Es gibt aber auch so etwas wie einen Seelenruf. Die Seele wird nicht direkt von irgendeiner höheren Instanz nachhause gerufen, sondern sie wird gerufen, weil sie aus einem bestimmten Grund auf der unsichtbaren Seite des Lebens gebraucht wird. Das geschieht gerade zurzeit immer wieder, weil gewisse Seelen bei diesem wichtigen Sprung besser als nicht inkarnierte Seelen einbezogen und gebraucht werden. Doch auch das heißt eben nicht, dass die Seele von außen gesteuert wird, vielmehr geht es um einen inneren Ruf.

Gerade dieser Wechsel von sichtbaren und unsichtbaren Phasen, von aktiven und „passiven", von inkarnierten und nicht inkarnierten Lebensbereichen gibt dem Menschen eine enorme Möglichkeit zum Lernen und Wachsen. Wir hätten nie die Chance, so viele und vor allem so verschiedene Rollen, Aspekte, Seiten, Erfahrungen zu erleben, wenn wir konstant gleich tief in der Materie inkarniert wären.
Aus diesem Rhythmus des Wechsels ergibt sich die Möglichkeit, dass wir in die unterschiedlichsten Lebenssituationen eintauchen können. Das gibt uns als Seelen und als Menschen eine Weite, die wir sonst nie erreichen könnten. Jeder von uns kann so die unterschiedlichsten Seiten des Lebens selbst erfahren und bereichert damit sich selbst wie auch das kollektive Bewusstsein. Das macht uns so besonders und einmalig.

Damit werden das Wachstum, die Reifungsprozesse und die Erweiterung des Seins potenziert. Die intensiven Phasen des direkten Erlebens im Leben und die nachfolgenden Verarbeitungsphasen, die es ermöglichen, das Erlebte in der Ruhe des Universums zu integrieren, sind für die Seele gleich wichtig – eins könnte ohne das andere keineswegs zu einem so enormen Kraftzuwachs führen.

Als Menschen haben wir eine doppelte Natur und müssen deswegen unsere beiden Seiten leben können, sonst fallen wir aus dem Gleichgewicht. Wir brauchen die Erde, weil wir Erde sind. Genauso braucht sie unsere Präsenz auf der Erde, weil wir sie mitgestalten und weil wir einen wichtigen Teil ihres Bewusstseins ausmachen.

Doch zugleich sind wir auch Kosmos und brauchen diese kosmischen Phasen, in denen die Seele ihren kosmischen Anteil lebt, ohne dass sie von der Gravitation der Erde gehalten und geformt wird. Wir können Erde und Kosmos nur dadurch verbinden, indem wir diese abwechselnden Intensitäten durchleben.

In einem Bild könnten wir uns als Lichtball vorstellen, der sich zwischen Erde und Kosmos hin und her bewegt und dadurch diese zwei Seiten ständig verbindet. Mal sind wir der Erde näher und üben ihr Wissen, beim nächsten Wurf sind wir dem Kosmos näher und werden von dem Wissen der Sterne bereichert.

Einerseits formt uns das als Seele, und gleichzeitig werden Erde und Kosmos durch uns miteinander verbunden und verwoben.
Wenn wir bei dem Bild der Seele als Lichtball bleiben, können wir uns alle derzeit inkarnierten Menschen und alle derzeit nicht inkarnierten Seelen gleichzeitig als solch springende Bälle vorstellen. Diese konstante Abwechslung, der ununterbrochene Austausch, die ewige Bewegung sind wie Planeten, die sich im Universum bewegen und das Leben weben. Das ist ein wunderschönes, bewegtes und berührendes Bild.
Wir sind unglaubliche Wesen, die so viel Licht in das Leben bringen.

Wie kann es dann sein, dass gerade diese unglaublichen Lichtwesen gleichzeitig zu so viel Dunklem fähig sind? Wenn man die momentane Situation auf der Erde anschaut... wir haben doch als Menschheit die Wahl, was wir unterstützen, was wir ins Leben bringen und inkarnieren. Wie kann das sein, dass gerade jetzt so viel Aggressivität, Brutalität, Unverschämtheit sichtbar wird? Wie sieht das aus größerer Perspektive aus? Wenn man da mittendrin steht, kann man ja oft nur noch den Kopf schütteln und sich wundern, wie das möglich ist.

Ja, das ist tatsächlich eine große Frage. Warum brauchen wir diese dunkle Seite? Und brauchen wir sie überhaupt? Für unseren Lernprozess brauchen wir sie. Die Auseinandersetzung mit ihr ist für uns eine unschätzbare Hilfe, die materielle Welt tiefer zu durchdringen.

Dabei muss ich gleich betonen, dass es nicht so ist, obschon es oft so dargestellt wird: dass wir Menschen nämlich, weil die Erde angeblich in sich Dunkles trägt, mit unseren Taten auf der Erde Dunkles zum Ausdruck bringen. Das absolute Gegenteil ist der Fall – die Erde ist ein Lichtwesen, das die Liebe verkörpert. Deswegen können wir unsere kämpferische Seite gerade auf diesem Planeten üben – irgendwann werden wir nämlich doch von der Liebe der Erde „besiegt".

Es gibt zwei Aspekte, die ich in diesem Zusammenhang erwähnen möchte: einer ist die persönliche Komponente. Um die Kraft der Mitte zu finden, üben wir uns in beiden Extremen links und rechts – somit auch in Licht und Dunkelheit. Für unser Wachstum ist es unerlässlich, durch unterschiedlichste Erfahrungen geführt zu werden. Wir dienen dem Licht oder der Dunkelheit und wirken so für oder gegen das Leben. Wir ALLE haben als Seelen die Erfahrungen beider Seiten durchlaufen, sonst hätten wir uns nicht immer weiter in Richtung des Lichtes entwickeln können. Wir brauchen die Reifung durch die persönlichen Erfahrungen von beiden Seiten.

Die andere Komponente wiederum ist der Kampf, den wir über die letzten zweitausend Jahre erleben. Dabei spielen wir als Menschen natürlich mit, durchleben unsere persönlichen Geschichten, wachsen daran, werden bewusster und lichtvoller. Hier geht es um den großen Rahmen, in dem es nicht um unsere menschliche Geschichte geht, sondern um das Geschehen im großen Ganzen. Die Zuspitzung dieses Kampfes erlebt ihr gerade auch auf der Erde.

Das Licht und das Leben und somit alle damit verbundenen Kräfte sind nach diesen zweitausend Jahren gerade dabei, auf eine deutlich intensivere Ebene des Wirkens aufzusteigen. Damit öffnen sich unvorstellbare Möglichkeiten für das Wachstum des Lebens – das ist der Quantensprung,

auf den wir uns jetzt vorbereiten. Und das macht natürlich den Kräften der Dunkelheit einen Strich durch die Rechnung, weil sie die Möglichkeit des direkten Einflusses verlieren. Bis jetzt konnten sie immer Wege finden, bis in die Materie hinein zu wirken – immer haben sie genügend Menschen gefunden, welche sie mit ihren Krallen und ihren Tentakeln packen, durch sie wirken und damit aktiv mitentscheiden konnten.
Wird das Leben nun auf eine höhere Frequenz angehoben, können sie nicht mehr direkt mitwirken. Deswegen kämpfen sie gerade so gnadenlos und verzweifelt um ihr Überleben.

Wir Menschen stehen in diesem Kampfgeschehen mittendrin, werden gegeneinander ausgespielt, werden ausgenutzt, werden missbraucht und missachtet. Wir sollten sehr genau hinsehen, was geschieht, weil wir dann wissen, wie wir in dieser Situation agieren können, um nicht auf den letzten Metern dieses Kampfes zu tief verletzt zu werden.

Natürlich kann man die Taten der Menschen, die jetzt in den Händen dieser Mächte wirken, mit diesem Wissen nicht einfach entschuldigen – weil sie aktiv mitspielen, sind sie selber als Seelen dafür verantwortlich; und doch hilft es, wenn wir uns immer wieder an den großen Kontext erinnern, in dem diese Kräfte durch die Menschen ihre Wege suchen.

Dabei dürfen wir nicht vergessen, dass die Gegenmächte für unsere Entwicklung unabdingbar sind. Sie spiegeln uns verstärkt das Dunkle, Schwere und Unerlöste, das noch in uns lebt. Wenn wir sie in richtiger Art und Weise ernst nehmen, dann sind sie sogar Wegweiser. Durch sie können wir genauer verstehen, in welche Richtung wir nicht gehen wollen und damit, in welche Richtung wir als Seele eigentlich gehen möchten.

Sie sind zwar unerbittlich, sie sind unverschämt, sie sind brutal und kennen keine Grenzen und doch sind sie sinnvoll und wertvoll für uns Menschen. Gerade jetzt lernen wir als Menschheit unglaublich viel durch sie.

Doch wie können wir uns vor ihnen schützen, so dass wir nicht in ihre Hände fallen, dass wir nicht zu ihren Werkzeugen werden oder durch sie verletzt werden? Was sind unsere Möglichkeiten, sie und ihre Energie zu erkennen?

Wenn ich euch Menschen durch meine „Augen“ betrachte, dann seid ihr eine intensiv strahlende Lichtsphäre, die von einer etwas weniger strahlenden Lichtschicht umgeben ist, und diese von einer noch helleren Lichtschicht und so weiter. Das heißt, die Seele ist mit mehreren Lichtschichten umhüllt und damit geschützt.

Je aktiver die wahre Kraft der Seele gelebt wird, je stärker das Licht der Seele strahlt, je bewusster ein Mensch sein eigenes Sein lebt, umso stärker ist das Licht der Seele und umso weniger angreifbar ist er, weil auch seine Schutzschichten stärker sind. Dadurch können die dunklen Mächte nicht so einfach in dieses strahlende Licht eingreifen.

Gleichzeitig muss ich dazu sagen, dass eine so strahlende Seele für die dunklen Mächte geradezu attraktiv ist – sie fühlen sich angezogen, weil dieser Mensch so viel Licht ausstrahlt und damit für sie durchaus gefährlich ist. So ist es für ihr Spiel wichtig, solche Seelen zu schwächen. Oder noch besser, am liebsten würden sie diesen Menschen natürlich für sich gewinnen. Von daher lassen sie nichts unversucht, um ihn zu täuschen und auf ihre Seite zu ziehen.

Wie kann man sich also schützen?
Das eigene Licht auszustrahlen und auszudehnen, ist sicher der erste Schritt. Das andere, vielleicht sogar noch wichtigere, ist die innere Reinigung. Je weniger unreine – dunkle – Stellen wir in uns haben, umso weniger Möglichkeiten geben wir den dunklen Mächten, in uns anzudocken. Solche Stellen sehe ich wie dunkle Schatten in euch, die euer Licht dämpfen.

Wir sollten uns über eines in diesem Zusammenhang bewusst werden: wie schon gesagt, haben wir alle in manchen Leben auch schon auf der dunklen Seite gelebt und genau daher kommen diese Schatten. Das sind Erinnerungen, ungeläuterte Anteile, unbereinigte Beziehungen, die noch nicht ausreichend mit Licht durchdrungen sind. Diese Schatten sind wie Verhärtungen in eurem Lichtkörper, die nicht durchdrungen sind und somit euren Lebensfluss und eure Energieströme stören. Wir wissen, was im physischen Körper geschieht, wenn wir Verhärtungen haben; etwas Ähnliches können wir auch auf der Lichtebene sehen.

Wenn wir unser Licht leben möchten, wenn wir mit unserem Sein dem Licht dienen möchten, dann ist eine solche Reinigung unerlässlich. Sonst wird es einfach zu gefährlich, uns dem Licht zu öffnen. Unwillkürlich würden wir früher oder später zum Opfer der dunklen Seite. Die dunklen Kräfte sind ständig auf der Suche und sehen solche Schatten sogleich – Gleiches zieht Gleiches an. Die kleinste Unreinheit kann schon ausreichen, sodass sie zumindest versuchen, sie als Eingangspforte zu nutzen.

Das andere ist aber, das eigene Licht so zu schützen, dass wir es stärken und nach außen ausstrahlen, es jedoch gleichzeitig nach innen strahlen zu lassen und zu intensivieren. Das Licht verankern wir auf diese Art tiefer in uns selbst. Wir dehnen das Licht so nicht nur nach außen aus, sondern verdoppeln es gleichzeitig in unserem eigenen Kern. Für Außenstehende erzeugt das einen außerordentlichen Lichteffekt, bei dem sich das Licht auf besondere Art und Weise in sich selbst bricht und so als Licht weniger sichtbar erscheint. Es dämpft sich selbst, so erscheint es nach außen nicht so strahlend, wie es selbst eigentlich ist. Das ist ein Trick, der in dieser Zeit, solange das Dunkle noch so viel Macht hat, gar nicht zu unterschätzen ist und euch vor manchem bewahren kann.

Es geht nicht darum, sein eigenes Licht zu verstecken oder es kleiner zu machen, im Gegenteil, wir wollen es nur schützen, wenn es notwendig ist.

Was hilft, bewusst und wach zu sein in dieser Zeit? Viele wollen gar nicht wissen, was gerade geschieht, sondern nur nach vorne schauen. Viele glauben noch immer alles, was ihnen in den Medien gesagt wird, viele schlafen weiter ... Was ist wichtig?

Wie können wir uns auch durch Bewusstseinserweiterung schützen? Wie sieht das aus deiner Perspektive aus? Kannst du sehen, wer von uns wach ist?

Ohhh, und wie ich das sehen und vor allem spüren kann. Ich bin räumlich nicht begrenzt, das heißt, als Seele bin ich im All-sein präsent. Ihr Menschen schließt uns als Seelen aus der Menschheit zwar aus, doch sind wir natürlich trotzdem Teil davon und spüren so außerordentlich stark, was gerade geschieht.

Wir schauen jetzt nicht auf eure einzelnen Taten und Bewegungen, wir betrachten euch nicht ständig, um zu sehen, was ihr macht und tut, wir sind ja selbst zu beschäftigt. Doch die kollektive Stimmung spüren wir deutlich – wir erleben sie in unserem Sein, wir erleben sie als Realität, die uns und unser Sein stark betrifft.

Es ist ausgesprochen schwierig, die Menschen zu erreichen, die im unbewussten Schlaf stecken. Man kann sie schütteln, aber auch das werden sie nicht merken. Schlafend durch das Leben zu gehen, bedeutet, nicht ganz auf der Erde inkarniert zu sein; die Folge ist, dass solche Menschen nur halb präsent sind und so auch die Welt nur halb bewusst wahrnehmen und erleben. Das ist nicht als Vorwurf gemeint, aber es ist doch eine unverrückbare Tatsache.

Durch die vielen ungeklärten karmischen Geschichten, die sich durch verschiedene Leben ziehen und sich energetisch in unseren Körpern stapeln, ist die momentane allgemeine Tendenz, dass das Inkarnieren in die Materie und damit das Inkarnieren ins Leben, in den Körper gar nicht vollständig geschieht. Wenn wir genau hinschauen, erleben wir, dass die vollständige Inkarnation gar nicht geschehen kann. Die Seelen, die das Leben zu oft unbewusst gelebt haben, haben es zurzeit echt schwer, weil sich schon zu viel in ihnen angesammelt hat und weil dadurch der Zugang immer schwieriger wird.

Doch gerade jetzt ist die Zeit gekommen, die alten Geschichten wirklich zu verarbeiten, sie zu klären und damit unser Fundament zu bereinigen. Geschieht das nicht, wird es immer schwieriger, die momentane Intensität auszuhalten – dabei ist der Weg, wie das gemacht wird, gar nicht so wichtig,

wichtig ist nur, dass eine tiefgehende Reinigung und Wandlung stattfindet. Viele Menschen machen ihre Sensoren gerade deswegen unempfindlich, weil sie es nicht mehr aushalten. Aber das ist natürlich keine wirkliche Lösung, weil wir der notwendigen Konfrontation nicht entgehen können.

Die Wachheit ist der Schlüssel für die momentane Lage. Das ist keine Drohung, sondern eine Notwendigkeit. In solchen Zeiten dürfen wir Menschen nicht schlafen. Wir leben in einem Alarmzustand und deswegen kann man sich nicht zurücklehnen und denken, dass alles doch gut werden wird. Wir werden alle gebraucht und wir können nur wach mittragen.

Es geht nicht darum, dass ihr jetzt jedes Detail des Geschehens verstehen müsst, dass ihr nachts nicht mehr schlafen sollt, um ständig bereit zu sein; es geht darum, dass wir alle unser Licht zur Verfügung stellen. Und das können wir nur tun, wenn wir präsent sind, wenn wir innerlich verstehen, was wir tun und was von uns Menschen gebraucht wird. Doch wenn wir uns gerade im Schlafbewusstseins-Modus befinden, dann können wir das schlichtweg nicht.

Wenn ich euch auf der Erde inkarnierte Menschen anschaue, dann muss ich leider sagen, dass die Lichter noch nicht strahlen. Ich habe ja gesagt, dass ich euch alle als Lichter sehe, doch leider sehe ich sehr wenige frei strahlende Lichter, wenn ich mir den großen Menschenozean anschaue.

Und genau das dient natürlich den Mächten, die den Kampf gegen das Leben führen. Sie können nämlich dieses Spiel nur so lange mit uns allen spielen, bis alle Lichter und damit der Menschenozean zu leuchten beginnen.

Es werden sich jetzt sicher nicht wenige Menschen finden, die sagen: Können wir nicht endlich einfach nach vorne schauen und aufhören, über diese dualistische Welt zu reden? Können wir nicht einfach nach vorne blicken und die Kraft dorthin leiten? Aber geht das wirklich so einfach? Stimmt das, dass wir mit

unserem Fokus auf das Neue, das Neue so stärken, dass es dann Realität wird – und das, was war, lassen wir einfach verblassen?

Auch das ist eine Art von Schlaf. Wenn ich auf meinen Weg vom sichtbaren in das unsichtbare Leben zurückblicke, dann kann ich nur sagen, es stimmt nicht, dass man einfach nur stramm nach vorne schauen sollte. Diese Möglichkeit, die wir als Menschen und Seelen haben, unsere Erfahrungen zu auszuwerten, ist ein großes Geschenk – damit meine ich nicht analytisch mit unserem Verstand, sondern viel mehr mit unserem ganzen Wesen. So lernen wir aus den vergangenen Schritten für die kommenden Schritte. Jeden Augenblick haben wir die Möglichkeit, durch die eigenen Erfahrungen zu wachsen, uns zu verändern, uns zu erweitern.

Schauen wir allerdings nur noch nach vorne, dann haben wir diese Möglichkeit nicht mehr. Das gilt genauso für unsere kollektive Lage.

Die Lösung für die momentane Situation liegt nicht in der Zukunft, sondern in den Erfahrungen, die wir bereits gemacht und verstanden haben. Dadurch gewinnen wir an Kraft, die wir im Jetzt anwenden können.

Wir können die Geschichte nicht wenden, wenn wir sie nicht anschauen. Wir können die Lage nicht verändern, wenn wir nicht genau hinschauen. Und zwar so lange hinschauen, bis wir sie in der tiefsten Tiefe begreifen. Erst das befähigt uns, den neuen Schritt zu tun.

Es ist eine Illusion zu glauben, dass wir das Neue betreten können, indem wir innerlich das Alte hinter uns lassen. Um es bildlich darzustellen, können wir uns das Alte als einen Haufen vorstellen – egal woraus er besteht –, der über dem Neuen liegt.
Solange wir diesen Haufen nicht weggeschaufelt haben, können wir zum Neuen nicht kommen. Natürlich ist es wichtig, dass wir den Fokus auf das Neue richten, denn sonst würden wir weder die Kraft noch den Wunsch noch die Ausrichtung haben, den Haufen weg zu transportieren. Aber nur mit dem Fokus allein wird sich der Haufen nicht bewegen. Es geht darum, dass wir es verarbeiten, verwandeln, und das können wir nur durch Bewusstwerden tun.

Und das Bewusstwerden schaffen wir nur dadurch, dass wir das Alte noch tiefer verstehen und damit verarbeiten.

Wenn ich noch einmal auf meinen Weg als Seele schaue und bei diesem Bild mit dem Haufen bleibe: Selbstverständlich bin ich – so wie jede Seele, natürlich bin ich da keine Ausnahme – mit einem Haufen auf meinen Schultern aus dem Leben gekommen. Seitdem kaue ich an diesem Haufen, seitdem mahle ich alle meine Erfahrungen, ich wandle und reinige und langsam beginne ich aus all dem etwas Neues zu weben. Ich spinne aus dem Haufen die ganze Zeit Goldfäden. Und ich kann Gold spinnen, indem ich den Haufen, den ich mitgebracht habe, verwandle. Das klingt zwar wie eine hohe Kunst und Alchemie, doch das tun wir eigentlich alle die ganze Zeit!!

Als Menschheit sind wir an einem Wendepunkt, an dem eine Umkehr notwendig ist. Wir brauchen diese Wende, weil wir am absoluten Endpunkt angekommen sind. Am Ende der Epoche auf dieser Ebene. Das ist sehr ähnlich dem, was ich als Weg der Seele nach dem Übergang erklärt habe. Das heißt, wir sind an dem Punkt angekommen, an dem wir den Haufen zu Gold spinnen können und sollten. Und wie gesagt, geht das nur mit einem tiefen Bewusstsein, mit einer klaren Präsenz, mit Wachheit und Bereitschaft.

Wir können als Menschheit unter der Last dieses Haufens zusammenbrechen, wenn wir weiterschlafen und von dem Neuen nur träumen. Oder wir sammeln uns, reißen uns zusammen, tun unsere letzten Kräfte zusammen, spinnen den Haufen zu Gold und weben uns damit etwas Neues. Aber das verlangt von uns AUFZUWACHEN, uns bewusst mit dem, was gerade geschieht, zu konfrontieren und aus all dem, was wir als Menschheit erlebt haben, die Kraft für die Wende zu finden.

Wir sind zu bewusste Wesen, um einen Haufen – wieder egal, woraus er besteht – einfach so hinter uns zu lassen und irgendwo anders etwas Neues anzufangen. Das würde uns nicht zu dem Wachstum bringen, das wir für das Neue brauchen.

Wir bereiten uns für die nächste, höhere Ebene vor. Klar brauchen wir dafür ein höheres und weiteres Bewusstsein – und das müssen wir uns schlicht und ergreifend erst erarbeiten. Denn offensichtlich haben wir dieses Bewusstsein noch nicht. Wir sind auf dem Weg zu dieser neuen Bewusstseinsstufe und sollten dabei nur vermeiden, das aus der alten Denkweise heraus anzugehen, man bekomme nichts geschenkt und alles müsse man sich schwer erarbeiten.

Alles, was wir persönlich, aber auch kollektiv erleben und erlebt haben – hiermit meine ich nicht nur die schönen Geschichten, sondern vor allem die schweren karmischen Hinterlassenschaften –, die müssen wir irgendwann anschauen, sie ins Bewusstsein holen, um sie innerlich zu verarbeiten, sie zu verwandeln, auch wieder zu lösen und sie damit zu Gold zu spinnen.

Und gerade das tun wir auch als Menschheit. Wir konfrontieren uns mit alten Verstrickungen, alten Schatten und Mustern des Lebensmissbrauchs und allen anderen Mustern, denen wir in den letzten zweitausend Jahren – auf den unterschiedlichsten Wegen – immer wieder in die Fänge geraten sind, allerdings tun wir es dieses Mal, um zur Wende zu gelangen.

Ich habe eine Zwischenfrage an dich. Wenn ich an dich denke, dann denke ich noch immer an dich als Ajra. Ich weiß, dass du nicht mehr Ajra bist und dass du gerade intensiv daran arbeitest, alles, was dich als Ajra ausgemacht hat, zu verarbeiten. Ist das störend für dich als Seele und für deinen Prozess?

Es ist ein Unterschied, wenn du dir dessen, worüber wir eben gesprochen haben, bewusst bist oder nicht. Wenn du mich mit meinem Namen begrenzen würdest auf das, was ich als Mensch Ajra war und mich damit in eine bestimmte Schublade hineinschieben würdest, dann würde mich das wirklich stören. Vor allem würde das unsere Beziehung sehr beeinflussen und begrenzen. Weil du aber weißt, wo, wie und wer ich jetzt bin, stört mich das überhaupt nicht.

Es ist beengend, wenn vor allem die nahestehenden Menschen nicht loslassen können, wenn sie, auch nach vielen Jahren, noch immer an dem Bild, an dem Aussehen und an allem, was damals war, weiter hängenbleiben. Der Raum der Begegnung wird dadurch unweigerlich enger und kleiner.

Ich kann keine menschliche Beziehung mehr haben und auch nicht mehr anbieten, ich kann aber jedem als Seele begegnen. Das ist ein Austausch einer anderen Art, eine andere Form der Berührung, die aber nicht weniger intensiv ist. Ich kann das, was ich als Ajra war, nicht mehr geben, aber als Seele kann ich noch viel mehr anbieten.

Wenn wir es gemeinsam schaffen, unsere Geschichte als inkarnierte Menschen hinter uns zu lassen und uns von Seele zu Seele zu berühren, dann wird sich eine ganz neue Dimension für uns beide öffnen können.

Für die meisten Menschen bedeutet das eine Übung, eine gewisse Arbeit und sogar eine innere Überwindung. Ich freue mich SEHR über jeden, der bereit ist, sich auf diese Ebene aufzuschwingen und diese neue Beziehung mit mir aufzubauen.

Dann darf ich weiter Ajra zu dir sagen?

Du schon, weil du mich trotzdem frei lässt, meine Weite siehst und sie unabhängig von meiner damaligen Präsenz verstehst.

Ich danke dir. So, wir waren gerade bei einem sehr aktuellen Thema. Was ist in diesem Fall das Gold, das wir als Menschheit aus dem Haufen spinnen? Ist das unsere Weisheit, unser Wissen über das Leben? Was ist das Gold, das wir als Menschheit für unseren jetzigen Prozess brauchen?

Wie gesagt, stehen wir an einem entscheidenden, epochalen Punkt unserer menschlichen Entwicklung. Wir sind dabei, eine Zusammenfassung vorzubereiten, und zwar aus der gesamten Entwicklung der letzten Phase, an deren Ende wir nun ankommen. Diese Zusammenfassung ist das Gold, das wir spinnen.

Gleichzeitig können wir die momentane verdichtete Situation auf der Welt auch als Zusammenfassung von allem sehen, was wir als Menschheit in vielen Jahrtausenden durchgemacht haben. Als einzelne Menschen und Seelen haben wir schon viel daraus gelernt, geübt, verwandelt und sind dadurch gewachsen – jeder ist durch viele persönliche Proben und Prüfungen gegangen. Jetzt kommen wir, jeder für sich und gemeinsam an einen Punkt, an dem wir Bilanz ziehen und in etwas Neues gehen. Was nehmen wir mit? Was nehmen wir persönlich und als Menschheit mit? Was ist das tiefe Wissen über uns selbst und über uns als Menschheit?

Um diese Fragen beantworten zu können, vor allem, um wirklich tiefgehende Antworten zu finden, gehen wir durch diese momentan verdichtete Phase. Wieder in einem Bild ausgedrückt, ist es wie die Diplomarbeit am Ende eines Studiums, bei der es um die Synthese des gesamten gewonnenen Wissens geht, es ist wie eine Prüfung, auf die wir uns monatelang vorbereiten.

Um die Synthese unseres Bewusstseins zu schaffen, wer wir als Menschen sind, was unser Licht eigentlich ausmacht und wofür wir es leuchten lassen, brauchen wir ein Nadelöhr, durch welches wir nicht so einfach durchkommen können.

Im Tiefschlaf jedoch können wir weder diese Synthese vollbringen noch unser Gold spinnen, deshalb brauchen wir einen dröhnenden Weckruf. Erst müssen wir überhaupt erkennen, in was für einer entscheidenden Situation wir uns befinden – nicht nur, wie kritisch das für uns als Menschheit ist, sondern auch, was uns bedroht, was uns Knüppel zwischen die Beine wirft, damit wir auf unserem Entwicklungsweg scheitern.

Eigentlich möchte ich das selbst gar nicht wirklich wahrhaben. Doch leider ist es so, dass wir den Haufen zurzeit nicht nur gar nicht zu Gold spinnen, nein, wir vergrößern ihn sogar immer noch. Statt uns zu sammeln, uns innerlich auf das zu fokussieren, was jetzt wirklich ansteht, sind wir uns selbst und dem Leben so kolossal entfremdet, dass wir uns noch weiter verlieren. Trotz alledem bin ich weiter optimistisch und weiß, wir schaffen es, aber wenn man die Situation so betrachten kann wie ich, dann sieht das wirklich alarmierend aus.

Dann hilf uns, bitte. Gib uns ganz klare Hinweise, wie und wo wir anfangen können. Was können wir ändern, was können wir tun, wie können wir das große Geschehen beeinflussen, dessen Teil wir ja alle sind? Was ist unser persönlicher Schritt, mit dem wir anfangen können, Gold zu spinnen?

Wie du sagtest, viele, ich mag gar nicht sagen, die meisten, schlafen noch, aber was können wir, die wach sind oder gerade aufwachen, tun? Was ist unser Anteil? Was ist der Ruf an uns als Seelen?

Einiges haben wir bereits erwähnt. Doch ich werde versuchen, noch konkreter zu werden und weitere Bilder dazu zu geben.

Wenn wir als Seelen, als Menschheit, wirklich vor so etwas wie einem Sterbeprozess stehen – natürlich nicht auf physischer Ebene – dann brauchen wir eine innere Vorbereitung dafür. Aus eigener Erfahrung kann ich sagen, was in diesem Prozess bei einem Menschen geschieht, daraus werden wir auch die jetzige Aufgabe klarer verstehen können.

Beim persönlichen Übergang von einer in die andere Dimension ist die Hauptaufgabe, sich von der eigenen physischen Präsenz zurückzuziehen und zwar so, dass wir dabei das wahre Sein nicht verlieren.
Das bedeutet, alle Anhaftungen, alle eigenen Vorstellungen, alle Erwartungen an sich, an das Leben loszulassen und sich von den eigenen Projektionen

und denen des Umfelds freizumachen. Und das geschieht eben nicht durch das vielzitierte Loslassen, sondern im Gegenteil durch Verdichtung von all dem, was wir als Wesen im eigenen Kern sind.

Natürlich verbringen wir das ganze Leben mit der Frage, wer wir eigentlich sind, doch an dieser Schwelle werden wir noch ganz anders damit konfrontiert. Lasst uns nicht vergessen, dass wir als Menschen beim Sterbeprozess eine solche Intensität erleben, die wir im Leben gar nicht kennen. Da wird das Beste aus uns gepresst – der Nektar des Lebens.

In diesem Moment existiert nur noch das pure Leben – es gibt keine Erklärungen, keine Ausreden, keine unwichtigen Fragen, keine Verblendungen, keine unklaren Worte, wenn wir als Seele mit einem tiefen Bewusstsein weiterkommen möchten. Natürlich gibt es auch Seelen, die sich dieser Konfrontation mit der reinen Wahrheit entziehen wollen und auch entziehen, aber damit verpassen sie den wichtigsten Augenblick des Lebens.

Als Vergleich können wir sagen: jemand schreibt einen tollen Text, lässt aber bewusst das Schönste und das Wichtigste dabei aus. Was für einen Sinn hätte dann der Text noch? Was für einen Sinn macht das Leben überhaupt, wenn wir uns in dem Augenblick, in dem wir das Beste von uns erleben und bekommen können, der Konfrontation mit uns selbst und dem Leben entziehen.

In dem Augenblick weiß jede Seele, was, wer und warum sie ist – alles andere fällt ab und es bleibt nur der Kern. In einem solchen Moment haben wir als Seele die Chance und das Privileg, den tiefsten Abdruck unserer Seele ganz deutlich zu erleben.

Egal, wie bewusst wir das Leben gelebt haben, egal auf welche Seite des Lebens wir uns gestellt haben, egal welchen Lügen wir vielleicht gefolgt sind – wenn wir es in diesem Augenblick als Seele schaffen, die Kraft zu sammeln und uns für die nackte Wahrheit entscheiden, dann erleben wir die reine Essenz. Und das ist für den weiteren Prozess des Übergangs essenziell, weil es genau davon abhängt, wie weit wir unser Gold spinnen können.

Die Seele ist in dem Augenblick befreit von der Aufgabe, die sie in diesem bestimmten Leben gelebt hat und kehrt zu ihrem eigenen Kern zurück. In diesem Moment zeigt sich die wahre Reife der Seele, was sie im Leben wirklich gelernt hat.

Die Last, die sie sich angehäuft hat, verschwindet dadurch natürlich nicht, dafür hat die Seele noch einen längeren Weg vor sich. Aber die Bestimmung, die die Seele durch diese spezielle Rolle im Leben auf sich genommen hat, die ist aufgelöst.

Je nachdem, welchen Lernprozess und daraus folgend, welche Aufgabe sich die Seele vorgenommen hat, kann das eine enorme Erleichterung und Befreiung sein, wenn sie diese Rolle nicht mehr spielen muss.

In einem Bild würde ich dieses Gefühl so beschreiben: das engste Kleid, das die Seele in ihrer Weite in einem inkarnierten Leben noch einschränkte, wird damit abgestreift. Durch weitere Prozesse kommen noch viele weitere zu enge Kleidungsstücke ans Licht, die die Seele eines nach dem anderen langsam ablegen kann.

Wie können wir unsere momentane Lage in diesem Prozess erkennen? Wir stehen an einem sehr ähnlichen Punkt des Prozesses: So steht vor jedem von uns persönlich wie auch vor uns als Menschheit ein vergleichbares Geschehen. Wenn wir uns dessen bewusst sind, dann können wir uns vorbereiten. Wir können innerlich unsere Anhaftungen, Gewohnheiten, Vorstellungen, Projektionen in Bezug auf uns selbst und auf das Leben jetzt anschauen, uns überhaupt erst bewusstmachen, dass sie da sind, uns innerlich öffnen für den nächsten Schritt und vor allem eine Haltung finden, in der wir diesem Prozess begegnen können.

Als Menschheit sind wir noch weit von solch einer Haltung entfernt. Wie es aussieht, brauchen wir noch heftigere Konfrontationen und Herausforderungen. Doch auch hier geht es darum, mehr zum Kern, wer wir als Menschheit sind, „zurück“ zu kommen.

Was kann jeder konkret dazu tun? Für die persönliche und die kollektive Ebene gilt, dass der Prozess fließender, fruchtbarer und klarer wird, wenn der Mensch für diese Entpuppung innerlich bereit ist und nicht versucht, sich zurückzuziehen. Damit ist die Seele frei, diesen ersten Schritt zu ihrer Entbindung zu tun.
Dann kommt die große Aufgabe für jeden inkarnierten Menschen, sich von dem gesamten Entwicklungsbogen, den er als Seele in einigen tausend Jahren vollbracht hat, Schritt für Schritt abzulösen.

Wie tut man das? Es ist genug, wenn man im aktuellen Leben anfängt und alles, was ungeklärt ist, alles, was unverarbeitet ist, alles, was bedrückt, auszubügeln – anzuschauen, zu klären, zu reinigen und sein Licht damit immer deutlicher strahlen zu lassen.
Ich weiß, das ist nichts Neues, aber es kann noch nichts Neues kommen, solange wir das Alte noch nicht verdaut haben.

Das Wichtigste dabei ist jedoch, sich selbst und dem Leben treu zu bleiben! Die Gefahr, dass wir uns als Menschheit verlieren, besteht mehr denn je, deswegen ist jeder Mensch, der das Licht und das wahre Leben unterstützt, wichtig und Gold wert.

Die Lage, in der wir uns als Menschheit momentan befinden, sieht, wenn wir den Nebel der Mainstreamberichte und Nachrichten durchschauen, grau und manchmal wirklich hoffnungslos aus. Es ist schwierig durchzublicken, was wirklich geschieht und es ist nicht immer einfach, dabei das Vertrauen zu behalten. Sind wir Menschen stark und klar genug, um durch diesen dunklen Tunnel zu kommen? Was hilft uns, wach zu bleiben und diesen Wandlungsprozess aktiv zu unterstützen? Was hilft uns, zuversichtlich zu bleiben, dass sich das Gute in uns Menschen durchsetzen wird?

Als Menschheit haben wir im Erdsystem eine eminent wichtige Rolle, darum wird uns die geistige Welt nicht hängen lassen. Irgendwann wird allerdings die Notbremse gezogen, wenn es anders nicht möglich ist, heil durch diesen Prozess zu kommen. Wir stehen unter göttlichem Schutz und das sollten wir nie vergessen. Es wird nicht zugelassen werden, dass wir als Menschheit unsere Kraft, unsere wahre Präsenz verlieren. Das darf und wird nicht geschehen.
Und dazu sind auch wir, der unsichtbare Teil der Menschheit, da. Auch wir werden unser Veto einlegen, wenn die Menschheit in den Abgrund zu fallen droht, statt zu springen. Es geht genauso um uns – es geht genauso um unsere, nicht nur um eure Entscheidung und Entwicklung.

Als Menschheit sind wir wirklich in eine dichte geistige Vernebelung gekommen, die es so noch nie gab. Es ist unfassbar und unvorstellbar, wenn man so schauen kann, wie ich jetzt auf die Menschheit schauen kann.

Tragischerweise sind wir als Menschheit Teil der Erde, der aber gar nicht mehr mit der Erde verbunden ist. Wir sind Teil des Kosmos, aber ein Teil, der gar nicht mehr weiß, dass er zum Kosmos gehört. So ungeerdet und gleichzeitig unverbunden mit den geistigen Dimensionen waren wir als Menschheit noch nie. Es gab Phasen, wo das eine mehr betont und das andere nicht so sichtbar war, aber dass beides gleichzeitig für die Menschen eigentlich nicht mehr greifbar und fast unerreichbar ist – das ist eine neue Lage.
Mit unerreichbar meine ich nicht, dass man die Verbindung nicht haben kann, aber für die meisten Menschen ist es weder wichtig noch notwendig, diese Verbindung zu haben, weil sie gar nicht wissen, dass sie diese Verbindung haben könnten.

Das ist dieser Nebel – alles ist so weit weg, dass man gar nicht merkt, was fehlt, dass da noch etwas Entscheidendes ist, das eigentlich Teil von uns ist.

Wenn ich Teil der Erde bin, dann ist auch die Erde Teil von mir. Wenn ich Teil des Kosmos bin, dann ist der Kosmos auch Teil von mir. Wenn ich ein geistiges Wesen bin, dann ist die geistige Welt auch Teil von mir. Wenn ich Teil des Göttlichen bin, dann ist auch das Göttliche Teil von mir!

Wenn ich euch Menschen auf der Erde anschaue, dann kann ich das nicht mehr sehen. Dieses Bewusstsein ist verloren gegangen und das ist es, was euch das Gefühl gibt, verloren zu sein.

Was bedeutet das für uns als Menschen?

Ihr habt dadurch euren eigenen Faden des Lebens verloren.
Es ging einfach zu weit. Wenn wir aus geistiger Perspektive die Menschheit anschauen, können wir sagen: Vieles kann toleriert werden, aber wenn der Sinn des Lebens vergessen wird, wenn das Tun dem Leben nicht mehr dient, sondern nur dem Tun selbst, wenn beispielsweise die Wissenschaft nur noch der Wissenschaft selbst dient und nicht der Entwicklung der Menschheit und dem Verständnis des Lebens, dann dient es nicht mehr dem Leben, sondern es beginnt Schritt für Schritt gegen das Leben zu wirken – irgendwann dient es dem Widersinn statt dem Sinn, der Selbstverwirklichung statt der Verwirklichung des Lebens. Weißt du, was ich meine?

Immer mehr geht es um völlig Belangloses. Und das ist es, was den Nebel produziert. Ihr vernebelt euch selbst immer mehr.

Was würden denn die meisten Menschen auf die Frage, was sie sich vom Leben wünschen, antworten? Wahrscheinlich, dass sie gerne ein ruhiges, gemütliches, reiches und sorgloses Leben haben möchten. Aber wo bleibt der Inhalt? Wo die Substanz? Wo bleibt die Selbstbeteiligung am Leben, wo die Kreativität, wo sehen wir das innere Streben nach innerem Wachstum? Wo ist der göttliche Funke? Wo bleibt das Bewusstsein, dass wir alle gemeinsam etwas Höherem dienen?

Da zeigt sich dieses „Verlorensein" überdeutlich. Und man kann auch nichts anderes, als verloren sein, wenn diese Ausrichtung fehlt.

Jeder kennt sicher Situationen, Phasen, Momente aus dem eigenen Leben, in denen wir den Sinn unseres Lebens weder spüren noch sehen konnten

– das Gefühl, dass wir unbrauchbar, nicht nützlich sind, dass es keinen Unterschied macht, ob wir da sind oder nicht. In solchen Augenblicken sind wir nicht in der Lage, uns selbst im großen Kontext zu sehen. Wir verlieren das große Bild von uns als Seele, und damit sind wir verloren.
Übertragen wir nun diesen Zustand auf die Menschheit, dann können wir sehen, wo wir stehen. Auf persönlicher Ebene werden wir depressiv, wenn wir zu lange in einem solchen Loch bleiben. Und genau das können wir über die Menschheit sagen. Zu lange schon stecken wir in dem Gefühl der Sinnlosigkeit fest und haben damit das Wissen um unsere Aufgabe als Menschheit wirklich verloren.

Wenn wir die Situation noch einmal mit dem persönlichen Zustand vergleichen wollen: Fühlen wir uns im Leben verloren, dann haben wir meistens nicht mehr die Kraft, uns mit unseren geistigen Begleitern zu verbinden und uns somit Unterstützung zu holen – wir sind zu verloren, um überhaupt auf die Idee zu kommen, das zu tun. Wenn es uns innerlich nicht gut geht, dann kommen wir meistens nicht auf die Idee, eine Übung zu machen, um uns wieder zu erden, uns wieder auf den Atem der Erde einzustimmen, uns wieder in der Erde zu zentrieren. Nein, wir bleiben in dem Augenblick lieber verloren und sehen nicht mehr, was uns guttun würde, oder vergessen sogar, dass die Erde da ist.

Das trifft genauso auf uns als Menschheit zu. In unserer Verlorenheit sind wir so tief gefallen, dass wir schon gar nicht mehr wissen, dass wir verloren sind – wir sind so tief depressiv, dass wir gar nicht mehr wissen, dass wir depressiv sind. Warum also sollten wir etwas ändern, wenn wir meinen, unser Zustand sei ganz normal?

Somit geht es an erster Stelle darum, dass wir als Menschheit überhaupt begreifen, in welcher Lage wir uns befinden; dass wir realisieren, wie ernst die Lage ist und auch, dass wir sofort agieren müssen, weil es sonst irgendwann wirklich zu spät ist.
Und dafür braucht es jetzt ein richtig starkes Aufrütteln, sonst werden wir nicht wach. Und wenn wir nicht aufwachen, dann sind wir nicht klar genug, um bei der großen Wandlung mitzukommen.

Was können wir persönlich dafür tun, dass der Nebel sich lichtet? Oder besser noch: Was können wir tun, damit wir merken, dass wir durch den Nebel gedämpft sind – dass wir geschwächt sind, dass wir nicht in unserer Kraft stehen? Was könnte der persönliche Beitrag von jedem von uns dazu sein?

Das Wichtigste ist, dass ihr aufhört, das Leben als eine bloß flache, dreidimensionale Realität anzusehen. Das Leben findet in mehreren Schichten gleichzeitig statt. Das, was ihr als das wahre Leben betrachtet – die physische Ebene, die ihr mit euren Augen sehen könnt – ist nur eine Ebene. Es ist nur ein kleiner Bruchteil von dem, was ihr als Seelen lebt, was ihr als Seelen seid, beinhaltet und berührt.
Wie kann man erkennen, was beispielsweise ein Foto darstellt, wenn wir nur einen kleinen Teil oder gar nur einige Pixel dieses Fotos anschauen?

Das Leben läuft nicht linear, nicht nur in einer Richtung. Der Zeitrahmen existiert nur auf der materiellen Ebene. Bei einem Fluss ist bekannt, dass dessen Ätherstrom, der in Gegenrichtung des Wasserflusses fließt, eigentlich viel stärker ist als derjenige, der in Flussrichtung fließt. Genauso verhält es sich mit dem Leben.
Das inkarnierte Leben läuft zwar so, wie ihr es erlebt, von der Geburt bis zum Tod. Doch das wahre Geschehen ist gar nicht an diese Fließrichtung gebunden, deswegen seid ihr als Seelen ständig am Hin- und Herreisen. Menschen wundern sich, warum sie etwas träumen, oder warum sie gerade in dem Augenblick an etwas denken müssen, was schon lange zuvor geschehen ist, warum Bilder hochkommen, die sie nicht einordnen können.

Wenn der menschliche Verstand nicht ständig kontrollieren würde und ihr freier wärt, dann würdet ihr noch viel mehr davon mitbekommen. Leider bekommt ihr viel zu wenig mit, was mit euch als Seelen wirklich geschieht.

Es stimmt, dass es wichtig ist, im Hier und Jetzt präsent zu sein, weil ihr als Menschen in inkarnierter Form nur dann etwas in der Materie bewirken könnt. Es stimmt aber nicht, dass ihr innerlich parallel dazu nicht reisen solltet.

Als Seele brauchen wir diese Freiheit innerlich zu reisen, weil wir viel mehr sind als das, was wir in dem Augenblick als inkarnierter Mensch verkörpern.

Für jedes inkarnierte Leben nehmen wir uns als Seele eine bestimmte Aufgabe vor, suchen uns eine Thematik aus, und steigen in eine konkrete Rolle ein. Das suchen wir uns jedoch nicht einfach nach Lust und Laune aus, sondern danach, welche Erfahrungen wir als Menschen und Seelen brauchen und welche Aufgaben aus den Erfahrungen früherer Inkarnationen wir noch zu klären, zu stärken, zu wiederholen oder weiterzuführen haben.

Um die Erfahrungen aus früheren Leben in dieses Leben zu übertragen, um an sie anzuknüpfen, um an ihnen weiterarbeiten zu können, brauchen wir als Seelen die Möglichkeit, immer wieder in das Gefühl von damals zurückzukehren. Nicht um an den Erinnerungen festzuhalten und auch nicht um an ihnen hängen zu bleiben, sondern gerade darum, um weitergehen zu können.

Gleichzeitig brauchen wir als inkarnierte Seele Zugang zu unserem Zukunftsbild, sonst können wir der inneren Ausrichtung und unserem Kompass gar nicht folgen. Als Seele haben wir das tiefe Wissen, was unsere innere Absicht und dadurch unsere Richtung im Leben ist, aber dafür brauchen wir die Freiheit, immer wieder in diese Richtung zu reisen, damit wir den Weg einschlagen können, der uns an unser Ziel führt.

Würden wir als inkarnierte Seele nur im Hier und Jetzt sein, wären wir verloren. Man behauptet genau das Gegenteil, dass man sich verliert, wenn man zu viel Zeit in der Vergangenheit oder der Zukunft verbringt. Das stimmt für die Gedankenträume, die wir mit unserem Verstand produzieren, nicht aber für die seelischen Bewegungen, die für die Seele notwendig sind, um ihr Sein damit zu erweitern.

Kannst du dir vorstellen, wie anders wir einander als Menschen betrachten würden, wie anders die Erziehung, die Schulung, das Leben wären, wenn wir uns dessen bewusst wären?

Als inkarnierte Seele leben wir zwar ein bestimmtes Leben, was in dem Augenblick auch das Hauptgeschehen ist, doch gleichzeitig ist die Seele auf ganz verschiedenen Ebenen unterwegs.

Beim Inkarnationsprozess müssen wir einen Teil des Geschehens ausblenden und ins Unterbewusstsein schieben, weil es für einen Menschen zu viel wäre, alle Teile des ganzen großen Bildes gleich stark zu erleben. Als Seele brauchen wir aber den Zugang dazu, und den können wir nur aufbauen, wenn wir uns bewusst sind, dass es überhaupt noch andere Teile des Bildes gibt als nur das, was wir gerade sehen.

Würden wir das gesamte Bild sehen, wären wir verwirrt, beschränken wir uns aber nur auf einen zu kleinen Ausschnitt, sind wir verloren, weil wir als Seele keine Orientierung mehr haben. Die logische Folge davon ist, dass wir schlafend durch das Leben gehen. Als Seele müssen wir einschlafen, weil wir abgeschnürt sind, weil wir von dem Wesentlichen abgeschnitten sind und damit in unserer kleinen Kapsel im großen Universum verloren sind.

Wenn wir das wieder in ein Bild übersetzen: es ist ähnlich, als würden wir die Erde vom großen Geschehen im Universum abschirmen. Wie könnte die Erde überhaupt funktionieren, wenn sie von den anderen Planeten, Sternen und dem Leben dort abgetrennt wäre? Woher würde sie ihre Kraft nehmen und wonach würde sie sich orientieren können? Und was wäre dann zum Beispiel mit uns Menschen auf der Erde?

Im besten Falle denken wir, dass wir in die Vergangenheit nur zurückgehen, wenn wir eine Information für unser jetziges Leben brauchen, oder um etwas in uns zu klären. Im besten Falle, sage ich, weil die meisten Menschen sogar das nicht als notwendig oder überhaupt als machbar erachten – für die meisten Menschen beginnt die persönliche Geschichte mit der Geburt auf der Erde.

Wir sehen die Vergangenheit nur als Informationsspeicher, als Fundament für das jetzige Leben. Doch wenn ich das richtig verstehe, ist unsere Vergangenheit eigentlich eine real existierende Ebene, die ein Teil des Lebens nicht nur war, sondern noch immer ist.
Leben wir dann nicht in einem absoluten Chaos? Wie sieht das für dich aus?

Vielleicht kann ich das am besten so erklären: Bei einer Zeichnung oder bei einem Bild gibt es betonte und unbetonte Linien, scharfe und unscharfe Stellen, Vordergrund und Hintergrund, so ist das auch im Leben einer Seele.

Wenn ich dich jetzt betrachte, dann sehe ich im Vordergrund die Kraft, die du als Mensch gerade lebst, was du inkarnierst, was du verkörperst, was du als Mensch bist. Ich sehe aber im Hintergrund auch das, was du gerade nicht verkörperst, was du als Seele in dir trägst, was du schon gelebt hast und auch das, was du noch leben wirst – dein noch nicht inkarniertes Potenzial. Es ist, wie wenn ich ein mehrdimensionales Bild vor mir hätte und anschauen würde. Aber erst alles zusammen gibt mir das Gefühl, wer du als Seele bist.

Ihr seid sehr, oder sogar nur, auf das fokussiert, was ihr gerade als Menschen seid, und verliert dadurch immer mehr die Fähigkeit zu sehen, wer ihr als Seelen seid. Ihr begegnet einander nur als Menschen und verliert so die Weite der Seele.

Wenn ich einem Menschen nur als Menschen begegne und nicht auch als Seele, dann reduziere ich ihn schon wieder auf einen kleinen Teil des großen Bildes. Ich nehme nicht wahr, was dieser Mensch als Seele ist und was ich als Seele bin.
Wenn ich jemandem nur in seiner jetzigen menschlichen Form begegne, verpasse ich die Möglichkeit, ihm wirklich zu begegnen. Ich bleibe nur auf einer Ebene, die mir nicht genug über diesen Menschen vermitteln kann, um ihn als Seele zu berühren.

Verstehst du? Wir begegnen Menschen, die für uns auf dem jetzigen Weg wichtig sind. Sie sind uns wichtig, weil wir als Seele mit ihnen etwas zu tun haben – weil wir als Seele mit ihnen etwas abgemacht haben oder weil wir aus vergangenen Leben etwas mit ihnen teilen oder sogar etwas zu klären haben. Wenn wir in der jetzigen Begegnung nur auf dieser menschlichen Schicht bleiben, dann ist die Gefahr groß, dass wir den Sinn der Begegnung mit dieser Seele verpassen.

Das sind wie unterschiedliche Register, die wir öffnen oder nicht. Wenn wir sie nicht öffnen, dann bleiben sie verschlossen. Das ist eine ganz einfache Logik. Ist ein Kanal verstopft, kann nichts durch ihn fließen. Bleiben wir in einem Austausch nur auf einer Ebene, dann werden wir die anderen Ebenen, wenn wir Glück haben, unbewusst miterleben, oder eben gar nicht. Lassen wir den Austausch auf den anderen Ebenen mindestens ins Unbewusste ein, dann werden wir das später aufgreifen können, ansonsten ist es für uns verloren.

Alles zu sehen, alles zu spüren, sich an alles zu erinnern, wäre natürlich für euch und für uns zu viel; allerdings ist es nicht zu viel, wenn wir die Offenheit haben, wenn wir ein Bewusstsein dafür haben. Das gibt uns eben nicht weniger, sondern im Gegenteil eine stärkere Orientierung, eine klarere innere Ruhe und eine spürbare Sicherheit, dass wir getragen sind.

Entscheiden wir uns für dieses Bild des Lebens, das gleichzeitig in unterschiedliche Richtungen und Dimensionen fließt, dann sind wir nicht mehr in unserem kleinen persönlichen Raum isoliert, sondern werden mit unserem Raum ein viel stärkerer Teil des großen Raumes. Das verleiht unserem Leben ganz neue Dimensionen. Und dafür reicht das Bewusstsein und die Bereitschaft dazu, mehr brauchen wir nicht, alles Weitere wird sich von alleine ergeben.
Wir wechseln nur die Bühne des Lebens, auf der wir auftreten – plötzlich ist das nicht nur unser privates Zimmer, sondern die große Bühne, die mehrdimensionale Welt.

Wenn das Leben eine größere Dimension bekommt, dann wird ein menschliches Leben ein kleiner Teil des großen Kreises. Wenn ich für euch unsichtbar, oder wie ihr sagt, tot bin, heißt es noch nicht, dass ich nicht weiterhin Teil des Lebens bin. Ich lebe hier nicht weniger intensiv, als ich mein Leben auf der Erde gelebt habe. Die Entwicklungsschritte sind nicht kleiner als die Schritte, die ich in meinem inkarnierten Leben getan habe. Meine Präsenz ist nicht schwächer, als jene, die ich als Ajra hatte. Warum bin ich dann in eurem Bild nicht ein gleichwertiger Teil des Lebens wie ihr, die inkarnierten Menschen?

Warum wird der unsichtbare Teil des menschlichen Lebens nicht gesehen, oder sogar ignoriert? Warum lebt so viel Angst im Zusammenhang mit dem Sterben? Warum erinnert ihr euch an die zurzeit unsichtbaren Seelen nur im Zusammenhang mit den Blumen auf dem Friedhof, wenn sie doch ein gleichwertiger Teil des Lebens sind? Warum können wir diesen menschlichen Raum nicht gemeinsam beseelen, beleben und gestalten?

Die Antwort ist ganz einfach: weil da ein großes Manipulationstuch darüber liegt, das unsere Ängste nutzt, um uns klein zu halten.

Es ist an der Zeit, dass wir endlich aufwachen!

Ich spüre deinen Schmerz, dass wir als Menschheit getrennt sind, dass wir, die sichtbaren Menschen, Euch unsichtbare menschliche Seelen vernachlässigen, vergessen und Euch keinen Raum in unseren Leben geben. Ich spüre deinen Frust und würde dir gerne die Möglichkeit geben, uns noch näher zu bringen, wie das Leben nach dem Leben aussieht. Kannst du uns noch mehr verdeutlichen, wie deine Präsenz in diesem Zustand ist?
Was ist für uns inkarnierten Seelen hilfreich, damit wir endlich unsere inneren Augen und Ohren für Euch nicht inkarnierte Seelen öffnen? Wie können wir lernen zuzuhören und wie können wir Euch anders teilhaben lassen?

Das Wichtigste wäre, dass ihr unseren Raum in euer Bewusstsein aufnehmt.

Wir können die physische Materie nicht mehr direkt beeinflussen, nachdem wir uns endgültig vom physischen Körper getrennt haben, somit ist es für uns sehr schwierig, in eure Welt einzudringen, wenn ihr euch dafür nicht öffnet.

Zwar sind wir mit unseren eigenen Prozessen beschäftigt, und doch sind wir ein wichtiger Teil der ganzen menschlichen Gemeinschaft – und würden gerne ein viel aktiverer Teil von ihr sein.

Wir leben, auch wenn wir keinen physischen Körper mehr haben, wir leben, auch wenn ihr uns nicht sehen könnt. Wir sind zwar unsichtbar, aber dafür haben wir einen erweiterten Blickwinkel.

Es geht nicht in erster Linie darum, dass wir euch Hinweise geben und euch führen wollen, oder dass ihr euch nur dann an uns wendet, wenn ihr unsere Hilfe und Unterstützung braucht, sondern darum, dass ihr zulässt, dass wir Teil des Lebens werden – dass wir zusammenleben. Damit wird sich alles Aufgezählte selbstverständlich und natürlich entwickeln.

Es klingt vielleicht ungewöhnlich: „Jetzt sollten wir mit den Toten zusammenleben und sie zu uns einladen, statt sie ruhen zu lassen." Wir sind nicht tot, wir haben nur keinen physischen Körper, wir sind im Moment nicht auf der Erde inkarniert wie ihr und wir haben keine lauten Stimmen, aber wir sind präsent und wir leben!

Das größte Hindernis ist, dass wir als Menschheit in unserem Leben die ganze geistige Dimension so sehr ausgegrenzt haben, dass wir sie im Mainstream gar nicht mehr ernst nehmen – sie hat kein Gewicht mehr. Dadurch wurde auch der unsichtbare Raum der nicht inkarnierten Seelen abgewertet und als unerreichbar erklärt. Damit ist er nur für Träumer, Esoteriker und Menschen, die nicht ernst zu nehmen sind, zugänglich. Die natürliche Kommunikation mit uns nicht inkarnierten Seelen wurde als „Gespräch mit den Verstorbenen" etikettiert und uns damit der natürliche Austausch genommen.

Inkarnierte Menschen benehmen sich zurzeit so, als würden sie für immer und ewig auf der physischen Seite des Lebens bleiben und nie auf diese andere Seite kommen.

Wir können einander sehr viel geben und uns gegenseitig bereichern. Das Bild des Todes und des Lebens nach dem Leben würde sich völlig verändern, wenn wir wiedervereinigt wären.

Du musst mich nicht sehen, um mit mir in Kontakt zu sein, du brauchst nur zu wissen, dass ich da bin – und schon bin ich da. Das ist das Schöne dabei, wir müssen nicht reisen, um uns zu besuchen, wir können jederzeit und überall zusammen sein.
Das Wichtigste dabei ist die Offenheit und das Bewusstsein.

Je weniger Vorstellungen ihr habt, wie die Kommunikation sein sollte, umso einfacher wird es sein, einen möglichen Austausch zu finden. Uns wahrzunehmen ist noch einfacher als zum Beispiel eine Engelspräsenz oder Elementarwesen zu spüren, weil wir auf einer Ebene ja Eins sind – alle Menschen sind Teil des menschlichen Ozeans.

Vielleicht gebe ich noch ein paar Bilder, wie unsere seelische Existenz ist, nachdem wir das körperliche Zuhause verlassen haben.
Die Vorstellung, dass wir weiter in den gleichen Häusern, Räumen wie in der Zeit des Lebens herumirren und in den gleichen Betten schlafen wollen und die Menschen damit belästigen, stimmt nicht. Das kommt nur in den Situationen vor, in denen die gegangenen Seelen nicht realisieren konnten, dass sie die physische Welt verlassen haben. Das kann auch passieren, wenn etwas für die Seele Wichtiges im Sterbeprozess nicht verarbeitet wurde, so dass sie in der Materie dadurch wie hängen geblieben ist. Aber auch in diesen Fällen betrifft das meistens nicht die ganze Seele, sondern nur die Teile, die im Leben wie stecken bleiben. Es gibt Beispiele, in denen die Last der Seele für diese zu groß ist und die Seele somit nicht loslassen kann. Wenn dazu noch Hinterbliebene die Seele festhalten und den Prozess des Ablösens behindern, kann die Seele den Lichtfaden, der sie mit der Materie verbindet, nicht abwerfen und sich nicht von der Materie ablösen.

Im normalen Verlauf ist die Seele nach der Entbindung – ich benutze bewusst das gleiche Wort, das ihr für die Geburt benutzt, weil es sich um eine Geburt handelt – befreit von der menschlichen Form und damit auch von den räumlichen Begrenzungen. Das ist natürlich ein Prozess, der nicht gleich beim letzten Atemzug geschieht.

Wie schon gesagt, ist die Seele noch eine Weile in der Nähe der Materie und wenn möglich auch in der Nähe des „eigenen" Körpers, in der Nähe der Mitmenschen und so auch in den Räumen, in denen sie gelebt hat. Langsam wird aber diese Bindung immer schwächer, sie wird für die Seele im Prozess irgendwann eher störend, deswegen löst sie sich komplett vom Irdisch-Materiellen ab.

Wenn ich mich als Beispiel nehme: ich war in meinem letzten inkarnierten Leben Ajra, ich habe meine Rolle als Mutter, als Heilerin, als Frau, als Tochter, als Schwester usw. gelebt, ich habe an unterschiedlichen Orten gelebt und gewirkt und bin in Šempas, meinem letzten Wohnort, gestorben. In meinem Wandlungsprozess – dem Sterbeprozess – habe ich alle diese Rollen losgelassen, ich habe mich als Ajra aufgelöst und meine Wohnorte haben ihre Wichtigkeit für mich verloren.
Das heißt nicht, dass ich all das verloren habe, sondern dass sie zwar in mir tiefe Spuren hinterlassen haben, dass sie aber für mich wie Schalen geworden sind, aus denen ich als Seele nicht mehr genährt werden kann; daher habe ich sie abgeworfen. Warum sollte ich weiterhin an ihnen hängen? Das, was ich durch mein Leben auf der Erde gelernt habe, gewonnen habe, wie ich dadurch gewachsen bin und wie es mich geformt hat, ist natürlich als Spur in mir geblieben, aber ich als Seele brauche diese Rollen nicht mehr, um weiterzukommen, deswegen konnte ich sie aufgeben.

Da ich nicht mehr an die Materie gebunden bin, habe ich keine physischen und auch keine anderen Wurzeln. Die einzige Verwurzelung, die ich zurzeit brauche, ist die Verankerung in meinem eigenen Sein. Ich bin nicht im Allsein zerstreut, sondern so nah an meinem Wesen, wie ich es nie in meinem irdischen Leben sein konnte. Das ist momentan auch meine Hauptaufgabe, ich zentriere und verdichte meine Essenz und bereinige weiter alles, was ich gesammelt habe im letzten Leben. Ich spinne alles Erfahrene zu Gold.

Das ist die wahre Zeit des Wachstums für die Seele – im Leben als Mensch in der Materie sind wir durch so viele Umstände, Einflüsse, Einblicke, Erlebnisse und das ständige Geschehen um uns herum und in uns so besetzt und in Anspruch genommen, dass wir vieles gar nicht ganz an uns heranlassen, dass wir vieles unzerkaut hinunterschlucken, dass wir vieles gar nicht sehen, obwohl wir davon als Seele doch berührt sind, wir merken vieles auf der sichtbaren Ebene nicht, aber es setzt sich doch in unserem ätherischen Körper ab.

In dem Stadium, in dem ich gerade bin als Seele, wird vieles davon jetzt meine Nahrung, weil ich es verarbeite. Ich bin bei der seelischen Ernte. Und sie dauert lange Zeit – es ist unvorstellbar, wie lange eine Seele von dem Erlebten auf der Erde zehrt.

Wenn ich dir zuhöre, dann bekomme ich das Gefühl, dass der Übergangsprozess beim Sterben eigentlich ein sehr intensives Geschehen für die Seele ist; es hat eigentlich nichts mit Leiden, Abschied oder Verlust zu tun. Warum verbinden wir Menschen diesen Prozess aber genau damit? Und es ist auch so, dass wir viele Menschen beim Sterben wirklich leiden sehen, warum?

Als Menschen haben wir immer Mühe, wenn etwas zu Ende geht, egal was. Dadurch, dass wir uns das ganze Leben hindurch dieses beschränkte Bild des Todes pflegen, dass unsere eigene Erfahrung aus früheren Leben bei den meisten verloren ist und wir das mehrschichtige Bild des Lebens nicht in unserem Bewusstsein haben, leben wir das ganze Leben in der Erwartung, der Vorstellung und der Überzeugung, dass wir am Ende beim Verlassen des Lebens leiden und trauern werden.

Vielleicht muss ich noch dazu sagen: der Prozess des Sterbens alleine ist ein Highlight des Lebens; was aber doch schwierig ist, ist der Prozess davor, vor allem auch, weil wir die Wahrheit über das Leben nach dem Leben nicht kennen.

Damit meine ich: wenn man noch voll im Leben steht wie ich damals, und beispielsweise schwer krank wird und diesen inneren Kampf für die Entscheidung durchstehen muss. Der Gedanke, die eigenen Kinder, liebende Menschen, das Leben, das Bekannte um sich herum verlassen zu müssen, ist schmerzhaft und es tut jedem Menschen weh.
Auch der Anfang des Ablösungsprozesses aus dem Körper und der Materie ist nicht einfach, auch hier wieder in vielerlei Hinsicht, weil wir als Zivilisation keine Bilder und keine Vorstellungen zu diesem Übergang in uns verankert haben.

Erst dann wird es bei dem Prozess in der Regel leichter, wenn wir als Mensch immer mehr Kraft verlieren und dadurch als Seele immer mehr Kraft gewinnen. Dann können wir loslassen und damit sind wir an der Schwelle angekommen.

Dieses Gefühl, dass wir die uns bislang tragende Materie verlieren, ist mit vielen Ängsten verbunden. Die Materie symbolisiert und gibt uns im Leben Sicherheit. Als Menschen neigen wir dazu, sie eins zu eins mit unserem Körper gleichzusetzen, die meisten Menschen sogar mit dem eigenen Ich – mit der eigenen Präsenz. Und eben dieser Gedanke, dass wir durch den Tod nicht nur den Körper, sondern das ganze Sein, eigentlich alles verlieren, macht das Lebensende zwangsläufig so erschreckend.
Wüssten wir nur, dass wir durch diesen Übergang unserem wahren Ich tatsächlich wieder näher kommen, dann wäre das Sterben freundlicher und einfacher.

Wenn ich es jetzt etwas karikiere, könnte ich sagen, das Sterben wird als Kampf gesehen – als Kampf mit dem Tod. In diesem Bild verlieren wir nämlich alles, was wir haben, sogar alles, was wir sind. Natürlich versuchen wir uns dagegen zu wehren und den Tod so lange von uns wegzuschieben, wie nur möglich.

Die Seelen, die als Menschen einen innigeren Bezug zu den unsichtbaren Ebenen des Lebens und damit zu den geistigen Dimensionen haben, werden schneller in den Zustand kommen, bei dem es ums Loslassen geht, und so schneller zum wirklichen Übergang. Im Gegensatz dazu wird es für die Menschen, die den wahren Kontakt zur eigenen Seele und somit zum gesamten geistigen Spektrum des Lebens verloren haben, mühsamer, zur inneren Ruhe zu kommen. Sie tun alles, um sich zu retten, um zurück zu rudern, und merken dabei nicht: wenn sie gegen den Tod kämpfen, kämpfen sie auch gleichzeitig unvermeidlich gegen das Leben. Das erleichtert den Prozess natürlich nicht, sondern erschwert und verlängert ihn nur zusätzlich.

Das Leiden kommt dann eigentlich wie eine Rettung für die Seele, weil der Mensch dadurch fast gezwungen wird, loszulassen.

Ist das der Moment des Prozesses, in dem wir aus unserer Perspektive sagen: sie hat den Willen zum Kämpfen verloren oder er hat aufgegeben?

Ja, genau. Was jedoch nicht heißt, dass man die Kraft zu kämpfen verloren hat, dass man aufgegeben hat, sondern der Mensch ist endlich so weit zur inneren Ruhe gekommen, dass er loslassen kann. Und so kann die Seele die Führung des Prozesses übernehmen.

Damit beginnt der befreiende Teil des Sterbeprozesses.
Vielleicht noch ein Aspekt. In dem Moment, in dem ein Mensch mit dem eigenen Tod – meistens durch eine schwere Krankheit oder einen Unfall – konfrontiert wird, ist er unvermeidlich mit dem Verlauf des eigenen Lebens konfrontiert. Fragen kommen hoch, wie beispielsweise: Wer bin ich? Was habe ich im Leben erreicht? Was war meine Aufgabe? Was habe ich mit meinem Sein ins Leben gebracht? Und damit verbunden taucht auch die Angst auf, dass ich nicht erreicht habe, was ich mir als Seele vorgenommen habe.

Wenn wir mit uns selbst im Leben nicht zufrieden waren, in unserer Vorstellung uns selbst nicht genügt haben, wird die Konfrontation mit dem physischen Ende des Lebens schwieriger und schmerzhafter.
Haben wir ein zu schlechtes Bild von uns selbst, bremst und blockiert uns das nicht nur im Leben selbst, sondern sehr stark auch beim Übergang in das nicht materielle Leben. Für Menschen mit einem schlechten Selbstbewusstsein, die sich selbst nicht genügend schätzen und lieben, ist es schmerzhaft, das Leben zu verlassen. Sie spüren sich selbst zu wenig und merken nicht, wie viel sie erlebt, erreicht und bewegt haben. Ihr Bild des eigenen Lebens ist unvollendet und damit ist die Aussicht, das Leben verlassen zu müssen, mit einem Gefühl von Verlust und Frust verbunden. Es ist ein längerer Weg für solche Menschen, an den Punkt zu kommen, an dem sie bereit sind loszulassen. Bei vielen dauert diese Phase deswegen nicht nur Monate, sondern Jahre.

Erleben alle Seelen, nachdem sie die Entscheidung zum Gehen getroffen haben und die Materie innerlich loslassen konnten, wie befreiend und schön dieser Übergang ist?

Leider wird heute, mittels der hoch entwickelten Medizin, zu oft in diesen Prozess eingegriffen. Menschen werden wiederbelebt, beatmet, voll unter Drogen gesetzt und viel zu oft auf ihrem natürlichen Weg des Sterbens gestört. Je nachdem, wie der Prozess verläuft, was ein Mensch und seine Seele durchzumachen haben, wird das Teil ihres Weges sein.
Leider wird der Seele dadurch oft die Möglichkeit genommen, diesen wichtigen, so zentralen Prozess bewusst zu erleben. Was nicht unbedingt heißt, dass die Seele ihn nicht erleben kann und wird. Auf jeden Fall ist sie dabei jedoch gedämpft und wird so einiges im weiteren Verlauf des Prozesses nachholen müssen.

Wir können das Sterben durchaus mit dem Geburtsprozess vergleichen. Die Geburt ist für die inkarnierende Seele der Eingang ins Leben und beinhaltet sozusagen das ganze Leben. Genauso verhält es sich auch mit der Geburt in die unsichtbare Phase des Lebens – dem Sterben des physischen Körpers. Es ist der Eingang in die ätherischen Sphären und öffnet die Tür für die Seele.
So wie die Geburt ein Abbild für das Leben ist, so ist auch das Sterben ein Abbild für das Leben nach dem Leben. Es beeinflusst das Leben in beide Richtungen – das Leben und das Leben nach dem Leben.

Das allgemeine Abgeschnittensein vom Leben nach dem Leben und damit von der Bedeutung des Sterbens hat leider das Festliche des Sterbens sehr beeinträchtigt. Aus medizinischer Sicht dreht sich alles darum, den Menschen retten zu wollen, ohne dabei sehen zu können, dass die Seele beim Abschiednehmen vom physischen Leben einem inneren Weg folgt. Die Hinterbliebenen des Sterbenden sind oft nur mit ihrer Trauer um den Verlust beschäftigt, mit ihrer Angst und ihrem Mitleid mit dem Menschen, der gehen muss.

Und so verpassen wir leider so oft das Großartige, das Schöne, das Eigentliche dieses Prozesses. Statt Teil dieses Prozesses zu sein, der auch für die Anwesenden spürbar und bewegend ist, stehen wir daneben oder sind sogar innerlich abwesend.

Wie ist es mit den Menschen, die überraschend sterben, bei einem Unfall oder an einem Herzinfarkt – erleben sie eine verkürzte Version dieses ganzen Prozesses? Sie können sich ja innerlich nicht vorbereiten. Wie erlebt die Seele das?

So, wie das ganze Leben ein Lernprozess ist, ist auch der Übergang von der Seele sehr genau ausgesucht worden, je nachdem, welche Erfahrungen sie für ihr Wachstum braucht und je nachdem, wie ihr Lebensweg verlaufen ist.

Es ist unmöglich zu verallgemeinern, weil es ausgesprochen individuell ist, warum sich die Seele einen solch plötzlichen Übergang aussucht. Hierzu ein paar Ideen.

Es gibt Seelen, die ihre Lebensmöglichkeiten auf der Erde ganz ausschöpfen, bis ins hohe Alter auf der Erde bleiben und so den ganzen Lebenszyklus eines Menschen auskosten und dann eines sogenannt natürlichen Todes sterben. Das heißt aber noch längst nicht automatisch, dass sie als Menschen vorbereitet sind zu gehen. Auch wenn das Sterben zum normalen Verlauf gehört, kann die Seele eventuell trotzdem noch nicht loslassen und ist dann beim Sterbeprozess genauso verloren.

Wie bereits beschrieben, kann der Mensch durch eine schwere Krankheit gewarnt sein, dass er als inkarnierte Seele eine grundlegende Umkehr braucht, weil er vom vorgenommenen Weg abgekommen ist.
Solch eine Krankheit gibt auch die Möglichkeit, ein ganz neues Leben innerhalb des gleichen Lebens anzufangen.

Manche Seelen ziehen allerdings die Notbremse und geben dem Menschen gar keine Möglichkeit mehr für eine umfassende Veränderung – der Notausgang ist dann die Variante des unerwarteten Todes.

Ein anderer Grund für die Seele, die Notbremse zu ziehen, kann die Notwendigkeit dieser Erfahrung selbst sein – die Seele wird aus dem Leben geworfen und zwar ohne bewusste Entscheidung dafür, ohne einen langsamen Loslassprozess zu erleben. Sie ist damit gefordert, sich viel dezidierter zu sammeln und das irdische Dasein komprimierter ins Ätherische zu übersetzen. In dem Fall wird für die Seele nur das Essenzielle und Zentrale aus dem gesamten erlebten Spektrum des Lebens „mitgenommen". Damit erlebt die Seele einen komprimierten Übergang, der ein großes Lernpotenzial bietet.
Dazu ist es wichtig zu sagen, dass sich die Seele in solchen Fällen doch oft unbewusst bereits zu Lebzeiten auf das Gehen vorbereitet.

Dann gibt es noch die Art des Gehens, bei der sich der Mensch entscheidet, sich selbst das Leben zu nehmen. Was geschieht in diesem Fall mit der Seele? In unserer Gesellschaft wird derzeit viel darüber diskutiert, ob man das sogar medizinisch erlauben sollte. Es wird um das Thema Sterbehilfe philosophiert, doch wie sieht das aus deiner Perspektive aus?

Das ist eine Frage, die ich nicht kurz beantworten kann, zu vieles hängt damit zusammen.

Wie du schon angedeutet hast, ist das in den meisten Fällen eine Entscheidung des inkarnierten Menschen und nicht der Seele. Meistens, sage ich, weil es doch auch Seelen gibt, die so eine Erfahrung als Mensch und als Seele für ihre eigene Entwicklung brauchen. Das ist aber ausgesprochen selten.

Ein Mensch kommt an den Rand des Abgrundes und sieht keine Möglichkeit mehr, weiterzukommen, weiterzugehen. Das zeigt nur, dass derjenige sich weit von seiner Seele entfremdet hat, denn die Seele würde immer eine Lösung finden, um weiterzukommen. Die Seele kennt ihren Lebensplan, sieht so immer einen Schritt voraus und kann sich dadurch nicht verlieren – der Mensch kann den Lebensfaden verlieren, die Seele jedoch nicht!

Für manche mag das vielleicht flach oder altmodisch klingen, doch ob es uns gefällt oder nicht, ist es so, dass wir als Menschen und Seelen unsere tiefsten Lernprozesse gerade dann machen, wenn es uns nicht gut geht, wenn wir mit uns selbst ringen, wenn wir uns hilflos, ratlos und nutzlos – somit sinnlos fühlen. Das sind jene Erfahrungen und Prozesse, in denen wir unsere tiefsten karmischen Punkte, Wunden und Themen berühren. Karmische Fragestellungen kommen in solchen Phasen hoch, damit wir uns mit ihnen konfrontieren können, uns wird da die Möglichkeit gegeben, sie zu heilen und zu verwandeln.

Das sind die dunkelsten Phasen im Leben eines jeden von uns – jeder Mensch kommt durch eine oder mehrere solche Phasen und für manche ist das gar ein Dauerzustand während des ganzes Leben.

Es hilft nicht, wenn wir versuchen, diesen Auseinandersetzungen zu entfliehen, auch wenn jeder das am liebsten tun würde. Jeder Mensch kommt während solch dunkler Perioden mindestens einmal an den Punkt, die Notbremse ziehen zu wollen, die quälende Lebenssituation ein für alle Male hinter sich zu lassen und die schwierige Inkarnation zu beenden.

Wenn wir die zyklische und ewige Natur der Seele kennen und wissen, dass wir als Seelen gerade deswegen durch verschiedene Inkarnationen reisen, um zu lernen, zu üben, zu heilen und zu wandeln, dann verstehen wir auch, dass die Seele immer wieder durch Nadelöhrsituationen hindurch gehen muss, um sich tiefer zu reinigen, noch gründlicher mit sich selbst zu konfrontieren, noch deutlicher ihr eigenes Sein zu begreifen, noch klarer herauszuschälen, worum es im Leben eigentlich geht und so noch konkreter im Leben zu landen.

Wir können uns solchen Prozessen nicht entziehen. Somit ist die Entscheidung, das Leben zu beenden, eine äußerst kurzsichtige Entscheidung – die eine kurzfristige Befreiung anbieten mag und vielleicht hilft, sich in dem Moment aus einer unerträglichen Situation zu lösen, aber auf Dauer bringt das weder eine Lösung, noch eine Klärung und schon gar keine Verbesserung. Unseren Lebensthemen, Lebenskonfrontationen und Lebenserfahrungen können wir uns als Seele und auch als Mensch nicht entziehen. Selbstverständlich werden wir in der nächsten Inkarnation das gleiche Thema wieder präsentiert bekommen und wahrscheinlich nicht in einer vereinfachten Variante, sondern eher in einer noch schwierigeren. Das geschieht nicht, um die Seele zu bestrafen, sondern weil die Situation für die Seele jetzt noch verwickelter, verwirrter und verknoteter ist.

Diejenigen, die stricken können, werden diesen Vergleich gut verstehen: man strickt etwas und legt es dann zur Seite, um später irgendwann weiter daran zu arbeiten. Und es ist ein großer Unterschied, wenn man die angefangene Arbeit noch auf den Nadeln wiederfindet, oder ob sie inzwischen von den Nadeln heruntergerutscht ist. Im ersten Fall kann man gleich mit dem Stricken weitermachen, im zweiten wird man erst viel Zeit, viel Nerven und Geduld brauchen, um alle Maschen wieder auf die Nadel aufzunehmen – eine mühsame Arbeit, die aber noch kein Resultat ergibt, sondern nur

dazu dient, dass wir überhaupt anfangen können.
So ähnlich ergeht es der Seele, die aus einer Notreaktion aus dem Leben katapultiert wurde – sie wird viel Kraft, viel Zeit und viel Geduld brauchen, um sich wieder zu finden, um sich zu sammeln, um wieder an den Punkt zu kommen, wo sie in der Lage ist, mit der wirklichen Seelenarbeit weiterzumachen.

Auch wenn es im Leben manchmal schier unerträglich ist, keine Verbesserung in Sicht, auch wenn es komplett dunkel ist und es genug Gründe zum Verzweifeln gibt, sollte man auf keinen Fall das Leben über Bord werfen. Nicht nur, dass es langfristig nicht hilft, es bringt uns nur in noch größere Not. Das können wir uns alle nicht genug vor Augen führen.

Wir sollten wissen, dass gerade solche Tiefpunkte, auch wenn sie manchmal eine ganze Inkarnation dauern mögen, uns als Seelen sehr weit bringen, weil wir wirklich schwere karmische Bilder, Erinnerungen, Lasten und Schmerzen „knacken" und uns so langfristig enorm befreien können.
Als Seele werden wir reich belohnt, wenn wir es schaffen, durchzuhalten und im Leben weiterzugehen, auch wenn wir derzeit keine Chance sehen, dass sich die Situation je verbessern wird. Wir können uns auch klarmachen, dass wir in solch einem inneren Zustand meistens nicht in der Lage sind, weit genug nach vorne zu schauen, um unsere wirkliche Situation als Seele beurteilen zu können – oft können wir das Licht am Ende des Tunnels nicht sehen, was aber nicht heißt, dass es nicht da ist.

In solch einer Situation aufzugeben und sich das Leben zu nehmen, ist die schlechteste Entscheidung, die wir treffen können. Das sollten wir uns alle hinter die Ohren schreiben – es bringt uns als Seele nicht weiter, sondern wirft uns einige Schritte zurück.

Anders als beim schnellen und für den Menschen unerwarteten Tod ist die Seele bei einem Suizid nicht für den Übergang vorbereitet – sie zieht sich derart extrem zusammen, dass sie lange braucht, um aus diesem Schockzustand wieder herauszukommen. Die Seele verliert bei einem Suizid wirklich oft die Orientierung, oder sie merkt nicht einmal, dass sie den Zustand gewechselt hat – sondern lebt noch immer in der Annahme, weiter im Körper inkarniert zu sein. Selbst wenn sie sich von diesem Schrecken erholt, braucht sie lange, um ihren eigenen Weg wieder zu finden. Tragischerweise gehen außerdem viele im Leben gesammelte Erfahrungen und Erinnerungen für die Seele verloren – durch den erlebten Schock ist sie oft nicht mehr in der Lage, auf ihre Schatzkiste zurückzugreifen.

Obwohl es vielleicht hart und dramatisch klingt, braucht die Seele manchmal sogar mehrere Inkarnationen, um wieder an den Punkt ihrer Entwicklung zu kommen, an der sie sich zuvor als Seele befand. Das zeigt, welch einschneidende Erfahrung das für die Seele ist.

Auch hier gibt es natürlich Ausnahmen und durchaus unterschiedliche Verläufe, deswegen sind das Einsichten, die längst nicht auf alle zutreffen.

Es gibt für unheilbar kranke Menschen die Palliativmedizin, die bei Bedarf starke Schmerzen und andere Leiden medikamentös lindert, um Lebensqualität zu erhalten und einen ruhigen Sterbeprozess zu ermöglichen.

Und dann gibt es die „aktive Sterbehilfe“, die auf Wunsch das Leben schwer erkrankter Menschen mit hoch dosierten pharmazeutischen Mitteln beendet um sie so von quälenden Schmerzen zu befreien. Was geschieht mit der Seele, wenn sie sich durch solche Gifte, wie sie beim begleiteten Suizid heute verwendet werden, dem normalen Sterbeprozess entzieht? Wie sieht der Übergang der Seele dann aus?

All die vorigen Antworten treffen auch in diesem Fall zu, nur dass es noch viel dramatischer ist, was das für die Seele bedeutet.

Eine unheilbare Krankheit ist kein Fehler auf dem Weg eines Menschen und seiner Seele, auch keine Panne, wie bei einem Auto, das wieder repariert werden muss. Eine schwere Krankheit ist Teil des Weges, den sich die Seele ausgesucht hat, ein wertvoller Stein für ihr ganz individuelles Mosaik, das die Seele im Laufe ihrer Leben gestaltet.

Als Seele können wir solch eine Erfahrung nicht einfach überspringen, weil sie für die Seele viel wichtiger ist, als wir uns ausmalen.

Liegt ein Mensch Monate oder gar Jahre unbeweglich im Bett, erleidet vielleicht starke Schmerzen, heißt das mitnichten, dass die Seele in der Zeit nicht aktiv erlebt, verarbeitet, vorbereitet, wandelt und somit als Seele eventuell große Schritte macht.
Wir schauen auf solche Situationen zu sehr nur aus menschlicher Sicht und meinen, dass es keinen Sinn macht, in einem solchen Zustand weiter zu leben.

Die Medizin ist oft sehr hilfreich, in gewissen Situationen genial und ein großer Segen, doch sollten wir ihr nie eine Generalvollmacht geben, vor allem nicht, wenn es ums Sterben geht. Zu schnell wird vergessen, dass es sich um eine ewige Seele handelt, die als Mensch gerade ihre Erfahrungen sammelt. Wir haben es eben nicht mit einem mechanischen und damit rein physischen Körper zu tun, der in dem Moment vielleicht wirklich krank ist, sondern es geht um einen aktiven und lebendigen Prozess des Menschen, vor allem der Seele.

Man nennt das so harmlos „Sterbehilfe", aber was die Seele dabei erlebt, ist weit davon entfernt, harmlos zu sein, und noch weiter davon entfernt, hilfreich zu sein. Ja, sie nimmt den Schmerz und vielleicht befreit sie sogar den Menschen wirklich in dem Augenblick, aber die Seele wird das teuerst bezahlen müssen.

Der Seele wird der Körper brutal entrissen, man könnte sogar sagen, gestohlen. Wie bereits geschildert, zieht sich die Seele im Schockzustand zusammen, doch in diesem Fall wird die Seele regelrecht zersplittert. Das Gift bewirkt eine Art innere Explosion, die die Seele schlagartig und viel zu schnell vom Körper abtrennt. So bleibt der Seele keine Möglichkeit, sich zuerst zu sammeln, wie das beim normalen Sterbeprozess geschieht, sondern sie wird in die Weite des All-seins zerstäubt. Dabei verliert sie sich ganz und gar. Die Seele kann nicht in sich kehren, um den eigenen Fokus wieder zu finden, sondern ist zersplittert und wie zerfallen.

So fühlt sich der Raum an, in dem der Sterbeprozess gesund verläuft

Für die Seele ist das eine wirkliche Katastrophe – wenn wir nur wüssten, was mit der Seele wirklich geschieht, würde sich niemand für einen solchen Tod entscheiden. Was von außen vielleicht wie eine Abkürzung aussieht, ist für die Seele ein unglaublicher Umweg. Ein langer, äußerst mühsamer und schmerzhafter Weg. Einen größeren Schaden kann man der Seele nicht antun, es ist schlimmer als das Schrecklichste, was die Seele in einem inkarnierten Leben erfahren kann.

Die Seele erlebt eine regelrechte Auslöschung.

Zuerst ist sie zerstückelt und verloren. Es braucht einen sehr langen und mühsamen Prozess, bis die Seele überhaupt merkt, was mit ihr geschehen ist. Nur mit viel Hilfe und Unterstützung kann sie diesen Schritt überhaupt vollziehen – ohne Hilfe ist sie einfach nur verloren.
Dann wird sich die Seele ganz neu zusammenfinden müssen – es ist, als müsste die Seele sich neu zusammenbauen. Wie Puzzlesteine, die sie erst wieder passend zusammenfügen muss, um sich neu entstehen zu lassen. Dabei verliert sie nicht nur enorm viel Kraft, die sie sonst für andere wichtige Entwicklungsprozesse bräuchte, sondern auch viele Puzzlesteine ihres eigenen Seins sowie entscheidende Erfahrungen der letzten, und sogar aus früheren Inkarnationen.

Wenn ich sehe, wie zerschmettert die Seele dadurch wird, könnte ich an der Menschheit wirklich verzweifeln. Es wird so viel Verheerendes gemacht, verdeckt von beschönigenden Parolen, von manipulativen Phrasen, die gar nichts – NICHTS – mit dem wahren Leben zu tun haben. Sondern vielmehr mit dem absoluten Gegenteil davon.

Eine Seele in ihrem Kern so zu verletzen, zu zerstören, dabei nicht einmal zu wissen, was man tut und sogar stolz darauf zu sein, wie man einem Menschen das Sterben „erleichtert" hat. Ich muss sagen, da fehlen mir die Worte – dass es möglich ist, dass die Menschheit sich so weit vom Leben entfernt hat.

Aus geistiger Perspektive ist solch ein Sterben absolut unmöglich, nicht erlaubt. BITTE, verhindert das, wo immer möglich!!

In diesem Zusammenhang habe ich noch ein ganz aktuelles Thema, das nicht nur mit dem Sterben, sondern auch mit dem Leben eines Menschen zu tun hat. Ich würde gerne von dir hören, welche Auswirkung die Corona-Impfung auf den Menschen, auf die Seele hat. Leider gibt es auch schon Berichte von ungewöhnlichen Todesfällen nach einer solchen Impfung. Kannst du etwas dazu sagen, das uns verstehen hilft, womit wir es hier zu tun haben?

Das Leben war in den tiefsten Schichten unangreifbar, so lange die Menschen keinen Weg fanden, in den tiefsten Kern einzudringen – was auf der körperlichen Ebene heißt, so lange wir nicht gelernt hatten, uns in die Schrift der DNA einzumischen. An diesem Punkt nämlich beginnt die reale Gefahr, dass das Leben in den reinsten Schichten verändert, manipuliert und missbraucht wird.

Alles, was lebt, trägt in sich den göttlichen Atem, der dem Leben Fundament, Form und Rahmen gibt. Dieser reine Impuls wird in unseren Zellen gehalten und beschützt, weil er für alle Lebewesen essenziell ist. Wenn wir diese göttliche Reinheit verlieren, verlieren wir den direkten Zugang zu unserer Natur, zu unserem Ursprung, zu unserem Sein, zur Schöpfung des Lebens.

Wir können alles an und um uns verändern, verdrehen, verstümmeln, verzerren, manipulieren, auswechseln und wir werden weiter die sein, die wir sind, SOLANGE diese reinste Schrift des Göttlichen unverändert bleibt. Wenn wir sie jedoch verunreinigen, verlieren wir unseren ureigenen Halt.
In einem Bild ausgedrückt, können wir es mit einem einfachen Tempelgebäude vergleichen, dem wir die zentrale Säule wegnehmen – es gibt keinen Halt mehr und damit muss es zusammenstürzen.

In dem Augenblick, in dem wir in die reinste göttliche Schrift des Körpers eindringen und sie verändern, sind wir in den heiligen Raum unseres Wesens eingebrochen.

Leider zeigt uns diese ganze Impfaktion, wie sehr wir Menschen uns von uns selbst, von unserer Natur, unserer Schöpfung und dem Göttlichen entfernt haben. Noch nie haben wir als Menschheit eine solch weitreichende kollektive Entfremdung vollzogen. Nun stehen wir als Menschheit wirklich in der Gefahr, uns selbst zu zerstören.

In vielerlei Hinsicht haben wir uns als Menschheit bereits sehr weit verloren, doch jetzt stehen wir wirklich vor einer kollektiven Katastrophe. Wir verlieren damit den göttlichen Faden, der uns die Grundorientierung im Leben gibt.

Viele werden jetzt protestieren und einwenden, es sei doch nicht möglich, dass wir wegen einer einfachen Impfung als Menschen so ernsthaft verletzt werden und verloren gehen. Wäre es nur eine einfache Impfung, dann wäre es gar kein Problem, aber da sie die Fähigkeit und die Tendenz hat, in den reinsten Raum unseres Seins einzudringen, ist es weder ungefährlich noch unschuldig.

Dazu muss ich allerdings sagen, nicht alle Menschen reagieren gleich und auch nicht bei allen wird dieser reinste Kern angegriffen. Doch schon die Möglichkeit, dass dies geschehen kann, ist absolut zu viel.

Falls das doch geschieht, wird der Körper für die Seele so fremd, so kalt, unerkennbar und ungreifbar, dass sie ihn nicht mehr beleben kann. Es kommt zu einer solchen Trennung zwischen Körper und Seele, dass sich die Seele plötzlich im eigenen Körper wie in einem Gefängnis fühlt. Das ist für das Leben wie auch für das Sterben unerträglich.

Wenn es dazu kommt, dann wird das Leben ein Horror, auch die Konsequenzen nach dem Sterben sind ähnlich, wie ich es bereits bei der vorherigen Frage beschrieben habe.

Wir sollten uns über eines bewusst werden, wenn wir über diese Impfung sprechen: Dieses Mittel wurde nicht dafür konstruiert, um der Menschheit zu helfen, sondern um sie in eine solche Not zu drängen, dass sie sich verloren fühlt und somit bereit ist, einem bestimmten Weg der Entfremdung zu folgen.

Wie gesagt, kann man es nicht mit dem Tod gleichsetzen und doch sollte jeder gut nachspüren, um welchen wahren Hintergrund es hier geht und ob man diesem gewollten Plan wirklich dienen möchte.

Wir Menschen sind solch reine Träger des Lebens und des Göttlichen, dass wir dem LEBEN und nur dem Leben selbst dienen sollten.

Das ist ja heftig und das Traurige ist wirklich, dass wir nicht die geringste Vorstellung haben von dem, was wir verursachen. Wie kann das sein? Wie ist es möglich, dass wir Menschen so blind geworden sind?
Das Sterben ist ja gleichzeitig die Geburt in die unsichtbaren Dimensionen und Ebenen der Seele – es ist genauso wichtig, sogar noch wichtiger als die Geburt selbst, weil wir mit den Früchten des Lebens zurück nach Hause gehen. Und wir? Wir haben das alles vergessen, wir sind uns dessen nicht mehr bewusst und dazu sogar ignorant dem Leben gegenüber.
Was wäre wichtig für uns, wieder dazuzulernen?

Das physische Sterben ist weder Tod noch Ende. Der Mensch in seiner bestimmten Rolle, mit seiner Persönlichkeit, seiner Aufgabe, seinem einzigartigen Aussehen und seiner physischen Erscheinung ist zwar nicht mehr da, doch die Frucht von alldem geht mit der Seele weiter. Es ist nichts verloren und vergessen, es bleibt viel mehr als nur die Vergangenheit, an die wir uns erinnern. Es ist noch immer auch lebendige Gegenwart, die durch die Seele weiterlebt und weitergetragen wird.

Der Prozess des Sterbens ist ein hoch geistiges Geschehen und ein heiliger Akt. Das Leben gießt sich wieder in das große Sein aus – der Kern wird wie eine reife Frucht als höchstes Geschenk an das Leben übergeben. Das ist eine Feier des Lebens – und zwar des reinsten Lebens!

Die Seele kann sich wieder im All-sein finden, befreien und ausruhen. Sie ist dem Göttlichen so nah wie sonst nie. Sie ist nicht nur Teil des Göttlichen und auch das Göttliche Teil von ihr, sondern sie ist eins mit dem Göttlichen. Das ist der höchste und reinste Zustand der Seele, deswegen ist der Übergang in diese Ebene so wichtig und bedeutsam.

Etwas übertrieben könnte ich sagen, dass sich die Seele das ganze Leben lang auf diesen Übergang vorbereitet. Es ist etwas Wahres in diesen Worten, weil die Seele das Leben nutzt, um die Erfahrungen zu sammeln, die sie nach dem Verlassen des physischen Lebens in das eigene Sein integriert.

Dieser Übergang, der heute übliche Umgang mit dem Tod, ist die größte Spaltung, die wir Menschen in unserem Sein tragen, nicht nur auf der kollektiven Ebene, sondern auch ganz persönlich. Wir sind damit von unseren Ahnen getrennt, wir haben die Verbindung zu den nicht inkarnierten Seelen verloren und wir haben uns unsichtbaren Ebenen, Dimensionen und Wesen gegenüber verschlossen.

Dadurch, dass wir diese Trennung so klar nicht nur leben, sondern zu unserer einzigen Realität erklären, hat sie Macht über uns. Es ist eine wirkliche energetische Sperre und Trennwand daraus geworden. Als Menschheit sind wir dadurch enorm geschwächt. Nicht nur durch die Trennung von der Sphäre der nicht inkarnierten Seelen, sondern auch dadurch, dass wir die geistigen Dimensionen und Ebenen ins Unfassbare und damit in einen untergeordneten Bereich verschoben haben, haben wir uns selbst den direkten Zugang versperrt.

Unser Bezug zum Sterben ist nicht nur eine Verstümmelung des Lebens, sondern eine innere Beschränkung, die uns in unserem Sein schwächt und uns in vielerlei Hinsicht das Zentrale im Leben nimmt – die Freude am Leben und die Freiheit unseres Seins.

Das Leben ist ein fortwährendes Kreisen, dass dadurch existiert, dass es immer kreist. Es wächst, weil es ständig in dieser kreisenden Bewegung ist. Es dreht sich nicht an Ort und Stelle, sondern es wächst, erweitert sich und steigt immer höher. Diesen Kreis sollten wir uns nicht flach – zweidimensional – vorstellen, sondern als mehrdimensionalen, aufrechtstehenden Kreis.

Die Geburt aus der geistigen Sphäre in die physische Ebene ist Teil dieses Kreises und genau so ist die Geburt aus der physischen Sphäre auf die geistige Ebene ein wichtiger Teil dieses Lebenskreises.

Wenn wir uns diesen Kreis des Lebens jetzt bildlich vorstellen und dazu den Riss, der sich in unserem Sein an der Stelle des Sterbens über eine lange Zeit gebildet hat, dann können wir innerlich sehen und verstehen, was das für diesen kreisenden Fluss des Lebens bedeutet. Das ist die Stelle, an der wir als Menschheit am meisten Kraft verlieren – es ist wie eine undichte Stelle, wie ein Loch in einem Gefäß, durch das ständig wertvolle Lebensenergie verloren geht.

Im persönlichen, aber auch im kollektiven Lebenskreis gehen wir nicht nur einmal durch den Sterbeprozess, sondern kommen als Seele immer wieder an diesen Punkt des Hinübergehens auf unserer ewigen Reise.

Wenn wir es auf der kollektiven Ebene anschauen, ist das noch verstörender, weil in jedem Augenblick Menschen sterben, das heißt, in jedem Augenblick entstehen neue solche Risse und Spalten – es werden also ständig mehr.

Das erzähle ich nicht, weil ich, von der so genannten anderen Seite schauend, euch mit diesem Bild beunruhigen oder bestrafen möchte. Nein, mit diesem Bild möchte ich nur verdeutlichen, wie dramatisch die Folgen dieses „Den-Tod-nicht-Verstehens“ sind. Als Menschheit verlieren wir kolossal dadurch. Das nimmt uns die Möglichkeit, das Leben als ein ewiges Geschehen zu erleben.
Wir rauben uns damit selbst das Gefühl, dass das Leben ein tragendes Gefäß ist, das uns Boden gibt. Unbewusst wird das Leben so zum Feind, der uns beim Sterben alles nimmt. Wie sollen wir dem Leben dann vertrauen?

Es ist unbeschreiblich wichtig, dass wir das Leben wieder als Gefäß sehen und uns dadurch tragen lassen. Das würde uns eine tiefe innere Ruhe, Zufriedenheit, Gelassenheit, Freude und Spontaneität geben.

Wenn ich euch Menschen betrachte, dann erlebe ich euch in einer ständigen Fluchthaltung und einem konstanten Alarmzustand. Das macht das

Leben unglaublich anstrengend und kräftezehrend. Doch das Leben sollte das gar nicht sein – das ist keineswegs der normale Zustand. Ihr habt das nur als euren Normalzustand angenommen, aber vom wahren Leben ist das weit entfernt!
Doch ihr empfindet das gar nicht mehr, weil ihr das Gefühl für diese große tragende Schale des Lebens verloren habt und weil ihr das konstant Fließende des Lebens nicht mehr seht.

Das Wasser verliert sich nicht, wenn es aus dem flüssigen Zustand in das luftige Element verdampft, denn das tiefe Bewusstsein ist da, dass es ein Kreisen ist, dass es danach wieder in den flüssigen Zustand gelangen und damit wieder auf die Erde kommen wird.

Das können wir eins zu eins auf das ewige Kreisen der Seele übertragen – auch sie wechselt immer wieder den Zustand von der physischen Präsenz in die unsichtbare Sphäre der Seele und vom Seelenland in die physische Präsenz.
In diesem Prozess gibt es kein Ende, kein endgültiges Vergehen und Sich-auflösen.

Genau dieser ständige Wechsel gibt uns die Möglichkeit, in das Wunder und den Charme des Lebens einzusteigen. Stellt euch vor, wie langweilig es wäre, wenn wir als Seele die ganze Ewigkeit nur in einer Lebensrolle stehen würden? Das Bild ist doch unerträglich, oder? Es wäre ja wie ein Gefängnis.

Das stimmt, es tut ja richtig weh, wenn ich mir das vorstelle. Aber woher kommt dann die Angst vor dem Sterben, wenn der Tod nur ein Übergang ist?

Und diese Angst begleitet uns nicht nur beim Sterben, sondern auch bei dem anderen Übergang, beim Geburtsprozess – nicht allein die Seele, die kommt, sondern die ganze Umgebung verspürt Angst, beginnend mit der Mutter und der ganzen ärztlichen Begleitung.

Was ist diese Angst, warum unterliegen wir ihr immer wieder? Kannst du uns mehr dazu sagen?

Es gibt mehrere Aspekte dazu. Oder: Lasst uns jetzt erstmal den wichtigsten betrachten.
Wenn wir unsere geistige Anbindung an das Göttliche anschauen, was ja sehr eng damit verbunden ist, wie wir das Leben betrachten, dann können wir klar sehen, dass wir als Menschheit eine sehr innige, natürliche und gesunde selbstverständliche Beziehung zu den geistigen Dimensionen und dem Göttlichen gelebt haben, bis uns die religiösen Strukturen aufgedrängt wurden. Egal ob das die christliche, die islamische oder die Hindu-Religion ist, sie haben uns überzeugt, unseren direkten persönlichen Zugang zum Göttlichen an Vermittlungsinstanzen zu übergeben. Damit haben wir unseren eigenen Schlüssel, unsere innige Verbindung verloren. Wir haben die Türe verschlossen und damit den weiten und unbeschränkten Blick in die geistigen Dimensionen.

Wenn wir das in ein einfaches Bild übersetzen, bekommen wir zwar Wasser, immer wenn wir durstig sind, aber der Wasserhahn ist so hoch oben, dass wir nicht mehr selbst zum Wasser gelangen können – so sind wir in eine Abhängigkeit geraten. Selbst können wir gar nicht mehr zur Quelle gelangen, sondern nur noch durch einen Vermittler.

Und an dieser Stelle und aus der Position, in die wir geraten sind, beginnt der große Machtmissbrauch.
Dadurch haben wir nämlich den natürlichen Zugang zu allen geistigen Dimensionen eingebüßt. Nach und nach haben wir diese Dimensionen aus den Augen verloren, bis wir sie schließlich weder sehen, noch spüren, noch wahrnehmen, noch erleben konnten – an diesem Punkt stehen wir zurzeit als Menschheit.

Unsere Sehorgane, unsere Wahrnehmungswerkzeuge sind uns zwar nicht genommen, doch haben wir das Bewusstsein verloren, dass es nicht nur natürlich ist, sie zu benutzen, sondern dass wir sie sogar brauchen, um ins

Hilfe für die innere Befreiung vom unsichtbaren Zeichen, Code

Wunder des Seins eintreten zu können und vom Leben ganz neu getragen zu werden. So haben sich diese Organe zurückgebildet und als Menschheit sind wir jetzt erst wieder dabei, sie neu zu entdecken.

Das ist die tiefe Bedeutung des jetzigen Aufwachprozesses.
Es ist höchste Zeit, dass wir das unstillbare Bedürfnis nach der Verbindung zum Göttlichen wieder spüren, dass wir die tiefe Sehnsucht nach unserem verlorenen geistigen Zuhause auf der Erde, im inkarnierten Körper erleben, dann werden wir wieder aufwachen.

Dafür allerdings müssen wir uns erst von den Fesseln, die wir uns freiwillig von den religiösen Strukturen und Institutionen haben anlegen lassen, wieder befreien – damit werden wir wieder den direkten Zugang zu der Quelle bekommen. Der Weg der inneren Freiheit beginnt an dieser Stelle.

Wir alle haben Erfahrung mit verschiedenen religiösen Institutionen, sogar dann, wenn wir in diesem Leben an keine angebunden sind. Diese Fessel ist wie ein Code, wie ein unsichtbares Zeichen in unser persönliches System eingeprägt. Dadurch sind wir alle in den Händen dieser Institutionen, auch dann, wenn wir das überhaupt nicht mehr wollen und denken, wir seien innerlich frei. Das verlangt von jedem von uns einen ganz bewussten Schritt und vor allem einen klaren Schnitt.

Diese Einprägung befindet sich, ob wir das wahrhaben wollen oder nicht, in unserem Herzen. Diese Stelle ist natürlich gut und bewusst ausgesucht, weil wir damit in unserer wichtigsten Kraft, in unserem wichtigsten Licht eingeschränkt, gehindert und behindert sind. Ist unser Herz nicht frei, können wir unsere Präsenz nicht in vollen Zügen entwickeln, egal wie sehr wir uns auch bemühen – wir können nicht aufblühen.

Ich möchte euch eine kurze Beschreibung geben, wie es möglich ist, dieses Siegel loszuwerden.
Als Hilfe können wir unsere persönlichen Begleiter und die nicht inkarnierten Seelen rufen. Dazu verbinden wir uns ganz bewusst mit unserer persönlichen Engelspräsenz und den persönlichen Elementarwesen. Wir spüren

unsere tiefen Wurzeln, die in die Erde und in den Kosmos hineinwachsen – wir sind verankert und präsent. Innerlich stellen wir uns klar vor Augen, worum es geht, was wir damit erreichen möchten.

Dann spüren wir, wie sich das Licht unserer persönlichen Engelspräsenz in unserem Herzen verdichtet – so stark, dass wir sie bis in die physische Ebene wahrnehmen können. Daraus bildet sich ein Lichtstrahl, der unser ganzes Sein und vor allem den Herzensraum in sich aufnimmt. Wir sind damit behütet und geschützt. Wir erleben bewusst dieses Licht.

Wenn wir die Verdichtung des Lichtes gut spüren können, bitten wir, dass dieses Siegel in dem starken Licht für uns sichtbar und spürbar wird. Es ist wichtig, dass wir dabei einen bewussten Bezug zu unserem Herzensraum aufbauen. So können wir die Stelle genau lokalisieren. Mit dem inneren Auge schauen wir, welche energetische Form dieser Code hat. Wir nehmen den Code in unsere Hände und lassen zu, dass er durch die Kräfte, durch das Licht, durch die Liebe, die aus unserem Herzen und durch unsere Hände fließt, sich auflöst. Das machen wir in dem tiefen Bewusstsein und Wissen, dass wir diesen Strukturen durch viele Leben hindurch gedient haben und jetzt in unserem Sein, in unserer eigenen Präsenz und im geistigen Bewusstsein selbstständig und frei sein möchten. Wir sollten dieses Geschehen sehr genau und entschieden sowohl im Körper spüren wie auch nach außen zeigen.

Dann spüren wir, wie sich im Innersten des geistigen Strahls, in dem wir stehen, das Licht noch verdichtet und reines göttliches Licht unser Herz, unsere Hände und die letzten Reste des Siegels berührt – wie ein Tropfen reinsten Tauwassers, der alles noch zu Ende reinigt und säubert.

Wir bitten um ein klares Zeichen, damit wir spüren, wie wir die direkte Anbindung an das Göttliche wieder aufbauen können – jetzt mit reinem und aus vollem Herzen.

In tiefer Dankbarkeit für die innere Befreiung bedanken wir uns für die Unterstützung bei allen helfenden Wesen.

Danke, Ajra, das ist sehr wichtig, das spüre ich. Wie würde es sich anfühlen, wenn alle Menschen bereit wären, das zu tun? Das wäre eine kollektive Befreiung – und genau darauf warten wir ja so sehnsüchtig. Wie ist es denn auf kollektiver Ebene – haben wir auch kollektiv eine solche Einprägung, die uns einengt und nie tief durchatmen lässt? Und können wir als einzelne Menschen etwas daran ändern?

Leider ist es so, dass wir auch kollektiv von diesen religiösen Strukturen sehr stark geprägt werden. Es ist wie ein energetisches Gitternetz, das über uns als Menschheit gestülpt ist und uns in diesem für uns zu kleinen Rahmen gefangen hält.

Als Bild können wir uns einen dichten Nebel vorstellen, der über uns hängt und uns von den geistigen Dimensionen abtrennt – wie eine Art Dämpfer, der dafür sorgt, dass wir uns geistig nicht zu sehr und nicht zu hoch entwickeln. Damit werden wir kollektiv in Schach gehalten.

Wie das Siegel auf der persönlichen Ebene, so gibt es auch kollektiv ähnliche Siegel, die diese Struktur verankern und konstant erneuern. Sie sind in den großen religiösen Zentren, wie zum Beispiel in Rom für die katholische Kirche, in der Erde und damit in der Materie verankert. Da sind sie wie aktive „Akupressurpunkte", die eine ständige Wirkung entfalten.

Die andere Ebene sind vorgegebene Gebete, tägliche Rituale und die konstante Wiederholung von gewissen Worten. Sie bilden diesen Nebelteppich, der unsere geistige Verbindung zum Göttlichen, ob wir das wollen, merken und unterstützen oder nicht, konstant stören, in eine bestimmte Richtung leiten oder auch nur färben.

Ich betrachte die Menschheit zurzeit aus einem gewissen Abstand; weil ich nicht direkt darinstehe, kann ich euch sagen und muss euch warnen, dass dieser Nebel eine viel größere Wirkung hat, als ihr euch bewusst seid! Nehmt das ernst, weil es euer Leben ungemein betrifft, lenkt und sogar manipuliert.

Und unabhängig davon, wie jeder persönlich im jetzigen Leben gegenüber den kirchlichen und religiösen Institutionen steht, sind wir kollektiv alle unter diesem Deckel.

Jeder Mensch hat seinen eigenen Weg und damit einen eigenen Bezug, eine eigene Anbindung an das Göttliche – wir Menschen, als geistige Wesen, können gar nicht keine Anbindung an das Göttliche haben. Natürlich gibt es große Unterschiede, wie intensiv, wie rein, wie lebendig und wie stark diese Verbindung in diesem Leben ist.
Aber ALLE Menschen haben das Recht, das Göttliche auf ihre eigene Art und Weise zu berühren, es in sich zu tragen und durch das eigene Sein ins Leben zu bringen. Es gibt keine Institution, keine Macht der Welt, welche die Befugnis hätte, so etwas für uns zu bestimmen. Und es ist schon gar nicht so gemeint, dass wir durch ihre Regeln bestimmt und manipuliert werden.

Wir sind geistig selbstständige Wesen und brauchen keine Vermittler und noch weniger jemanden, der uns in eine bestimmte Richtung dirigiert.

Ich kann euch sagen, das Leben verliert durch diesen Nebel seinen Glanz und seine strahlende Farbe und ich finde, das sagt viel über diesen Nebel aus.
Es ist jetzt wirklich an der Zeit aufzuwachen!

Jeder Mensch, der sich persönlich befreit, der es schafft, sich innerlich zu befreien, der den eigenen leuchtenden Pfad als Verbindung zum Göttlichen findet, dringt durch diesen Nebel und durchbricht damit diesen Deckel. So erscheinen immer mehr dieser Lichtstrahlen, die sich nicht mehr verdunkeln lassen.
Es ist aber entscheidend, auch daran zu arbeiten, die genannten „Verankerungspunkte" dieser Mächte energetisch zu entkräften.

Das heißt nicht, dass man den Institutionen die Kraft nehmen will, sondern, dass wir unser Recht, geistig frei zu sein, jetzt in Anspruch nehmen.

Das ist nicht etwas, das, wenn man es einmal erlangt hat, dann für immer da ist, sondern es muss ständig gestärkt und erneuert werden. Wir haben es hier mit alten Strukturen zu tun, die in der langen menschlichen Geschichte entstanden sind – sie sind ein Relikt der Vergangenheit, wovon wir uns als Menschheit nun befreien müssen.

Die Religionen, die Kirchen können ruhig weiter existieren und wirken, das stört niemanden, solange jeder frei ist zu entscheiden, ob er dazugehören will oder nicht.

Ich glaube, es wird sich viel verändern, auch auf der kollektiven Ebene, wenn jeder auf persönlicher Ebene dieses Siegel erkennt, wandelt und sich von ihm befreit.

Dies sind ja schwere Themen ... das alles belastet uns, umso mehr, als wir kaum etwas darüber wissen. Sicher werden wir noch auf die angesprochenen Themen zurückkommen, weil es so wertvoll ist, das alles von einer anderen Perspektive aus anzuschauen.

Aber jetzt wechseln wir das Thema ganz, ich möchte etwas Schönes über uns Menschen hören. Was siehst du als stärkste Kraft und schönste Qualität, wenn du uns auf der Erde in den inkarnierten Körpern anschaust und erlebst? Was berührt dich am meisten? Wann kannst du uns Menschen am stärksten spüren?

Oh, das ist schön!

Ich werde immer berührt, wenn etwas Wahrhaftiges geschieht – die Wahrheit hat eine enorme Ausstrahlung. Sie ist wie Nahrung, die sättigt, weil sie Tiefe hat.

Die Gefühle können stark sein, aber sie berühren erst dann, wenn sie wahrhaftig sind.

Ich kann euch sagen, wie es für mich ist. Wenn die Gefühle oberflächlich oder unecht sind, dann ist es für mich, wie wenn ich bei einem Theaterstück mit wichtigen Dialogen keinen Ton hören würde – ich merke schon, dass die Gefühle da sind, aber sie können mich nicht berühren. Sie sind für mich unerreichbar. Sie sind in dem Augenblick zwar real und präsent, aber sie haben kein Gewicht und hinterlassen keine wirkliche Spur in mir – sie vergehen, ohne etwas bewegt zu haben.

Die stärkste Kraft, die wir Menschen entfalten können, ist natürlich die Kraft des Herzens – und damit die Liebe! Es gibt nichts Schöneres, als reine Herzensliebe zu spüren. Das ist die treibende Kraft und auch die Kraft, die uns alle am meisten bewegt. Das ist ein wahrer Genuss, wenn ich die Reinheit der Liebe erleben kann – in der ätherischen Sphäre entstehen aus ihren Wellen wunderschöne farbige Muster, wie Mandalas, die unglaublich weit strahlen.

Der Raum, der daraus entsteht, ist ein reiner Kanal, der sich öffnet und der geistigen Welt anbietet, durch ihn zu wirken.
Es ist stark spürbar, wenn ein Mensch das erlebt, und es ist unbeschreiblich schön und stark, wenn das mehrere Menschen in einer Gruppe erleben. Die Auswirkung, die Wellen, das Licht sind unglaublich. Wir unterschätzen die Kraft des Herzens außerordentlich.

Die Herzensliebe ist wirklich die Kraft, die alle Türen öffnet – auch wenn das vielleicht auf physischer Ebene nicht immer sichtbar ist. Ich kann euch versichern, dass keine Handlung, keine Arbeit, keine Absicht, keine Wirkung, die aus wahrer Herzenskraft entstehen und geschehen, ohne Wirkung bleiben – der Impuls des Herzens ist zu stark, als dass sein Wirken unsichtbar bleiben könnte.

Die wahren Momente der Liebe, die wir miterleben können, sind wie die Sternschnuppen am Sternenhimmel für euch. Sie sind eine wahre Freude und sind für uns Nahrung.

Ich kann euch sagen, dass mein einziger Wunsch, noch einmal zurück in mein Leben zu gehen, wäre, den Menschen, die ich geliebt habe, das noch einmal sagen zu können und zwar mit dem Wissen, das ich jetzt als Seele im All habe.

Als inkarnierte Menschen sind wir uns zu wenig bewusst, wie stark die Kraft der Liebe ist und was für eine Wirkung sie hat. Wir denken, es sei selbstverständlich, dass die anderen wissen, dass wir sie lieben, und deswegen sagen wir es ihnen nicht. Doch das ist schade, weil wir damit die Kraft der Liebe nicht aufblühen lassen.

Wenn wir jemanden lieben, ist das wie eine Knospe. Die wunderschöne Blüte öffnet sich aber erst dann wirklich, wenn wir die Liebe aktiv leben – wenn wir sie zeigen, wenn wir unsere Gefühle aussprechen, wenn wir sie ausstrahlen.

Natürlich ist auch eine intensive stille Liebe wertvoll und stark, aber sie bekommt noch eine andere Dimension, wenn sie sich zeigt und den ganzen Raum ausfüllt.
Es geht nicht darum, dass wir jetzt ständig allen erzählen, wie sehr wir sie lieben, sondern es geht noch viel mehr um das lebendige Gefühl der Liebe, das wir mit unserem Sein auch ohne Worte zeigen können. Es geht darum, dass wir den Impuls der Liebe frei fließen lassen, dass wir ihm ermöglichen, seinen Raum zu bilden.

Wir Menschen haben vergessen, wie viel schöner, fließender und einfacher das Leben wäre, wenn wir unser Hauptorgan, das Herz, aktiver benutzen würden. Es gibt wirklich keine Türe, die sich durch den Herzensimpuls nicht öffnen ließe.

Das ist unser Zauberstab. Als Menschen könnten wir alle zaubern, doch haben wir vergessen, dass wir einen Zauberstab haben und somit zaubern können.

Kannst du uns noch mehr Beispiele, Bilder und konkrete Ideen dazu geben, wie wir wieder lernen können, mit der Liebe zu zaubern? Wie funktioniert die Kraft der Liebe? Wie fließt die Kraft des Herzens und wie ist ihre Wirkung in den unsichtbaren Dimensionen? Hier auf der Erde können wir mit den physischen Augen ihren wirklichen Einfluss nicht sehen. Wir wissen alle, dass die Liebe etwas Edles, Schönes und Starkes ist, aber ich glaube, wir sind uns dabei doch nicht bewusst, was sie bewegen kann.

Ja, das ist gut möglich, dass ihr die Liebe viel zu eng seht.

Die Liebe ist zwar ein Gefühl, das wir gegenüber jemandem oder für etwas empfinden, doch sie ist gleichzeitig auch der Zündfunke für das Göttliche. Das heißt, wenn wir Liebe empfinden, dann verbinden wir uns auch ganz direkt mit der Schöpfungskraft.
Natürlich gilt das nur unter der Bedingung, dass die Liebe wahrhaftig ist.

Das Gefühl der Liebe wird oft zu persönlich, zu eng gesehen, zu sehr auf eine Person, eine Gegebenheit bezogen – wir müssen nicht verliebt sein, um eine starke Liebe zu empfinden.
Unter Liebe in diesem Sinne ist mehr eine Kraft als ein Gefühl gemeint. Die Liebe ist Ausdruck unserer inneren Lebendigkeit und Kreativität – wenn wir das Leben lieben, wenn wir es lieben zu leben, dann können wir die Liebe als Zauberkraft benutzen. Die Liebe wird dann zum Schlüssel, der uns überall und immer helfen wird.

Es ist möglich, z. B. ein Projekt, das uns wichtig ist, mit einer Welle von Liebe zu unterstützen und in die Welt zu tragen. So wird es ganz anders von der geistigen Welt unterstützt und viel reichere Früchte tragen können.
Wir können zum Beispiel Pflanzen im Gemüsegarten mit der Kraft der Liebe behandeln – dafür müssen wir nicht in sie verliebt sein – und sie werden die Nährstoffe anders aufnehmen und besser wachsen können.

Wenn wir die Kraft der Liebe als Zündfunke des Göttlichen sehen, dann können wir diese Kraft anders verstehen. Wir tragen in uns das Göttliche, wir sind das Göttliche und wir können das Göttliche am stärksten in und um uns herum berühren durch die reine Liebe.

Warum erleben wir die Welt so rosarot, wenn wir verliebt sind? Das Leben erscheint dann im Fluss und wir erleben, dass alles viel einfacher ist. Das ist nicht nur, weil wir von dem Gefühl der Liebe geblendet und getragen sind, sondern weil wir uns in diesem Moment in einer Wolke der Liebe bewegen und damit auch für das Göttliche offener sind. Wir sind innerlich dem Göttlichen näher – wir können es stärker erleben, egal ob das bewusst oder unbewusst geschieht.

Eintauchen in die Liebe des All-eins

Als Seelen sind wir im Göttlichen zuhause, deswegen blühen wir als Seelen auf, wenn wir dem Göttlichen näher sind. Wir sind dann ganz anders genährt und können das Leben auf der Erde so anders empfinden, begreifen, leben und lieben.
Genau aus diesem Grund ist die Liebe die treibende Kraft, und nicht, weil sie uns glücklich macht. Ja, sie macht uns wirklich glücklich, aber der Grund ist nicht das bloße Gefühl der Liebe, sondern weil uns die Kraft der Liebe für den göttlichen Impuls öffnet.

Alles, was wir im Leben tun, können wir mit oder ohne die Kraft der Liebe tun, und genau das macht den größten Unterschied. Wir öffnen nämlich das göttliche Tor oder wir öffnen es eben nicht. Wir öffnen den Raum, so dass etwas Bedeutsames, Schönes, Reiches, Strahlendes geschehen kann oder wir tun es nicht.
Es geht dabei um die innere Einstellung, für die wir uns als Menschen frei entscheiden können, oder auch nicht.

Wir können entscheiden, ob wir das Leben als einen Tanz der Liebe nehmen und damit im Einklang mit dem Göttlichen das Leben gestalten, oder ob wir uns als Opfer des Lebens sehen, die sowieso kaum Einfluss auf den Verlauf des eigenen Lebens haben. Das bleibt unsere freie Entscheidung.

Wenn dem so ist und es unsere freie Entscheidung ist, ist es schwierig zu verstehen, warum nicht alle Menschen die Liebe wählen. Das Leben auf der Erde wäre doch so viel schöner, erfüllender und einfacher. Wie soll ich das verstehen? Sind wir so blind oder sind wir so unfrei, dass wir doch nicht frei entscheiden können?
Tut mir leid, jetzt kommen wir schon wieder weg von dem Schönen über uns Menschen ...

Das stimmt, es liegt in unseren Händen, doch wir begreifen es nicht und suchen weiter unser Glück in der Ferne, statt zu sehen, es liegt doch so nah.

Wie du schon sagtest, hat das wirklich einzig und allein mit der inneren Freiheit zu tun. Immer wieder geht es um dieselbe Frage: wieviel Last, wieviel Ungeklärtes und wieviel Ballast schleppen wir als Seele noch mit uns?

Wahre Liebe können wir nur sehen und erkennen, wenn wir sie auch in uns tragen. Ist unser innerer Raum überfüllt mit Verletzungen, mit alten Mustern, mit Erinnerungen an alte Missverständnisse in Liebesbeziehungen, dann gibt es leider keinen Platz für die Kraft der Liebe.

Die Liebe ist eine so subtile Kraft, dass sie nur dann in uns existieren kann, wenn wir innerlich aufgeräumt haben. Die Liebe verlangt von uns viel innere Vorarbeit, Wandlung und Katharsis. Sie ist wie die Krönung des Lebens.

Als nicht inkarnierte Seelen sind wir in das Göttliche eingebettet und so füllt die Liebe den größten Teil unseres Seins aus. Das ist auch unser Ausgangspunkt für den Inkarnationsweg. Im Augenblick der Zeugung werden wir als Seele mit der konkreten Materie verbunden und so werden wir ab diesem Moment von dem physischen Geschehen um uns herum stärker beeinflusst.

Die große Frage dabei ist, wie viel von dieser Liebessubstanz, die uns vor der Inkarnation fast komplett ausgefüllt hat, wir bis zur Geburt behalten und dann ins Leben tragen können.

Da spielen mehrere Faktoren mit. Einer ist, wie weit die Seele in ihrer Entwicklung ist – wie fein sie ihre Erfahrungen aus den verschiedenen Leben und Zwischenphasen schon gemahlen hat. Je öfter die Seele schon inkarniert war und je schwieriger die Situationen waren, die sie gut gemeistert hat, umso feiner ist ihre Substanz und umso direkter ihre Verbindung zum Geistigen und Göttlichen – dadurch kann die Seele die Liebe tiefer in ihr eigenes Sein verankern und sie ins inkarnierte Leben bringen.

Der zweite Faktor ist die Umgebung, in der die Seele den Inkarnationsprozess durchlebt. Der Raum kann für die Seele offen und vorbereitet sein oder das Gegenteil ist der Fall. Es kann eine von Liebe erfüllte harmonische Atmosphäre für die ankommende Seele vorbereitet sein, was die Liebe in der Seele weiter nährt und schützt, oder die Seele wird auf ihrem Weg mit dem Gegenteil konfrontiert – was ihre Liebe schwächt und angreift.

Ein entscheidender Faktor ist die Geburt selbst, weil sie ein fließender Übergang sein kann oder aber eine Zäsur, was die Seele entsprechend stärkt oder schwächt.

Und es ist ein großer Unterschied, mit wieviel Liebe in unserer Grundsubstanz wir das Leben beginnen. Das ist die Basis für unser Wesen, für unsere Präsenz.
Je voller unser Liebesreservoir, umso direkter bleibt unsere geistige Verbindung und somit fühlen wir uns getragen, präsent und genährt im Leben. Im anderen Fall leben wir im Gefühl, dass wir sparen sollten und zwar mit allem – mit dem, was wir geben und dem, was wir vom Leben bekommen oder uns nehmen. Wir merken nicht, wie unerschöpflich die Quelle ist.

Die Liebe wächst, je mehr wir sie erleben und weiterfließen lassen, in Bewegung bringen, bekommen – je mehr sie kreisen kann. Aber sie kann nur dann kreisen, wenn wir sie ohne Mangelgefühl im ständigen Fluss erleben und leben.
So ist die Substanz der Liebe, die wir im Inkarnationsprozess als Seele bewahren können, ausschlaggebend für das gesamte Leben, weil sie das wahre Lebensfundament ist.

Das erklärt vieles im Leben, finde ich. So etwas ist uns Menschen hier auf der Erde gar nicht mehr bewusst. Mittlerweile wissen wir, wie wichtig die Schwangerschaft für das Kind ist, aber mehr aus dem Aspekt, dass wir dadurch den Weg für die Seele vorbereiten, dass wir den Raum halten, aber wie entscheidend ein volles Liebesreservoir für den weiteren Lebenslauf des sich inkarnierenden Menschen ist, dessen sind wir uns, glaube ich, nicht bewusst.

Kannst du uns diese enge Verbindung zwischen der Liebe und dem Göttlichen noch mehr beleuchten? Das finde ich so zentral, weil wir die Liebe zu persönlich und oft zu sehr auf einen intimen Kreis beschränkt sehen und dabei vergessen, dass wir durch sie an die Schöpfung angebunden sind.

Als Seele bin ich jetzt in der reinen Kraft der Schöpfung eingebettet. Das gibt mir die Möglichkeit die Erfahrungen, die Emotionen, die Geschichten – das ganze Seelenmaterial, das ich in meinen Leben angesammelt habe – zu verarbeiten, zu verdauen. Wenn ich einen lustigen Vergleich ziehen darf: wir Menschen sind Wiederkäuer, wie die Kühe, weil wir auch ständig kauen – nur, dass wir nicht Gras, sondern das Erlebte wiederkäuen.

Ich bin als Seele dem Göttlichen jetzt ganz nah, weil ich wieder ganz geistige Substanz bin. Je mehr ich verarbeite, je feiner ich in meinem Inneren bin, je mehr mich dadurch die Liebessubstanz ausfüllt, umso näher bin ich dem Göttlichen.
Das Göttliche hat selbst keine physische Substanz, so kann es überall da leben, wo sich das feine Liebesgewebe bildet. So ist es ganz einfach – je mehr Liebe, umso mehr göttliche Präsenz.

Wahrscheinlich fragt sich nun so mancher: Aber warum gerade die Liebe? Es könnte doch genauso die Kraft der Freude oder des Erfülltseins oder des Glücks sein.

Die wahre Kraft der Liebe ist die reinste Kraft, die es gibt. Sie ist mit der Kraft des Herzens verbunden, wir können sagen, dass sie durch das Herz gefiltert und damit noch verfeinert wird.
Wenn wir uns die Freude anschauen, oder das Glücksgefühl, oder alle anderen Gefühle, die uns als Menschen erfüllen und in unserem Wesen erheben, dann finden wir darin auch das Gefühl der Liebe. Alle beinhalten sie den Funken der Liebe und damit durchstrahlen sie uns alle, weil sie das Innere erfüllen.

Durch die Liebe kommen wir zu unserer göttlichen Quelle und damit zu unserem Ursprung. Deswegen fühlen wir uns so zuhause, wenn wir geliebt sind.

Ist der äußere und innere Raum mit der Kraft der Liebe erfüllt, sind wir auch dem seelischen Zustand, in dem ich mich zurzeit befinde, wieder nah und das bringt uns näher zu uns selbst als Seele. Es ist nicht nur eine Erinnerung, die in uns hochkommt, sondern ein Zustand, in dem wir als Seele völlig frei, gehalten und geborgen sind und ganz im Göttlichen eingebettet. Das nennt man das göttliche Gefühl des Eins-seins.

Wir würden so wenig brauchen, um dieses tragende Gefühl viel öfter, oder sogar immer zu erleben. Es ist wirklich schwierig zu begreifen, wieso wir als Menschheit dieses natürliche Wissen verloren haben und uns gar nicht mehr bewusst sind, dass die Liebe uns so tief und so weit bringen kann. Die einfachsten Mittel, die uns immer helfen können, haben wir als Menschheit schlicht vergessen.
Wir haben den Zugang zu unserem eigenen Wesen verloren. Wie siehst du unseren Weg in die Kraft der Liebe? Wir wissen alle, zurück können wir nicht gehen, aber wie geht es weiter?

Es wird unweigerlich der Moment der Erschütterung kommen – im Innen wie auch im Außen – und dadurch wird diese bleierne Schicht, die uns Menschen so dumpf und innerlich blind macht, abfallen. Dann werden die Menschen das Wissen über das Unsichtbare auch wieder suchen. Das Leben wird wieder in natürlicheren Bahnen verlaufen und der Zugang zu den unterschiedlichen Dimensionen wieder erreichbarer.

Als Menschheit sind wir definitiv auf der kollektiven Ebene noch nicht reif genug. Erst wenn die Lebensverhältnisse noch viel enger werden, werden wir spüren, wie unfrei wir in unserem Wesen geworden sind. Zu wissen, dass wir unfrei sind, hilft uns nicht, offensichtlich müssen wir diese Unfreiheit erst richtig erleben und erleiden, um sie tiefer begreifen zu können.

Von außen betrachtet, kann ich eines sicher sagen: so geht es nicht mehr weiter – unsere Schritte als Menschheit gehen zurzeit eindeutig zurück

Das göttliche Licht

statt nach vorne. Natürlich sind das unvermeidliche Reifungsprozesse für unsere Entwicklung, aber im Gesamtprozess kommen wir so nicht weiter. So können wir nur hoffen, dass wir durch die momentanen Herausforderungen reifen, um dann dadurch weiter zu kommen.

Ist die Tendenz zur Selbstzerstörung stärker als die Möglichkeit zur Entwicklung, muss es zwangsläufig zu einer Zäsur kommen, weil sonst das Leben in Gefahr ist.

Und an solch einem Wendepunkt stehen wir als Menschheit. Da kommen wir zurück zu dem Bild mit dem Sprung über den Abgrund.

Wir werden uns als Menschheit erneuern und verändern müssen, weil wir uns immer mehr verlieren. Damit meine ich nicht nur die alltägliche Vernebelung, die ich bei den zurzeit inkarnierten Menschen sehe, sondern vor allem denke ich an den herzzerreißenden Verlust, den wir durch das viele unnatürliche Sterben haben und den teilweise fatalen Umgang mit dem Tod und den Prozess, um den es für die Seele dabei geht.

Solange die Seelen nach dem Sterbeprozess die Möglichkeit haben, sich auf den Weg in die Ruhe des All-seins zu machen, können sie sich wieder sammeln, sich mindestens zu einem gewissen Grad erneuern und mit dem Impuls der Liebe erfüllen. Damit bleiben der Kreis und der Fluss des Lebens erhalten, wenn auch teilweise schon sehr angegriffen. Ist das für die Seelen allerdings auch nicht mehr möglich, wird es kritisch und damit höchste Zeit für eine einschneidende Veränderung.

Wenn die Seele in ihrem tiefsten Wesen nicht mehr zur Ruhe kommt, um das Erlebte zu verdauen und zu integrieren, wenn sie statt sich zu erneuern damit beschäftigt ist, sich überhaupt wieder zu sammeln und zu finden, wenn sie in ihrem Prozess ständig gestört wird, dann kommt sie nicht zurück zur Quelle, zurück in die Schöpfungskraft, sondern wird schon beim Start in die neue Inkarnation verwirrt, ist verloren und nicht mehr stark genug mit der eigenen Quelle verbunden. Für die Seele bedeutet das ein immer oberflächlicheres Erfahren des Lebens.

Und das, was wir in der Welt jetzt überall sehen, ist das unvermeidliche Resultat davon. Selbst, wenn wir es noch so wollen, können wir nicht mehr tief genug ins Leben eintauchen, weil wir bereits als Seelen weder die Ruhe noch die Kraft haben und als Menschen die Fähigkeit zum Lieben gar nicht mehr so weit entwickeln können. Das Leben spielt sich immer mehr nur an der Oberfläche ab und die Kraft der Liebe wird immer flacher und schwächer, was zur Folge hat, dass wir kollektiv immer mehr das Wissen um unsere Zugehörigkeit zum Göttlichen verlieren.

Und das ist nicht mehr nur kritisch, sondern tragisch.
So ist die logische Folge, dass eine einschneidende Wandlung unseres Wesens als Menschen unabdingbar ist.

Können wir uns vorbereiten dafür? Wie könnten wir einen Schritt voraus sein? Was ist wichtig – was bringt uns mehr in das jetzige Geschehen? Was ist zurzeit das Wesentliche, woran sollte sich unser innerer Blick gerade orientieren? Gibt es etwas, das uns helfen kann?

Im Äußeren läuft das Leben weiter, doch im Inneren sollte sich ein neuer Raum bilden. Ein Raum, der immer weiter und breiter werden sollte, der sich zunächst als ein leerer Raum zeigen wird. Das Wichtigste dabei ist tatsächlich, dass er ganz frei bleibt – ungefärbt, ungeschmückt, unbelastet und wirklich rein.
Eure Aufgabe ist es, den Punkt zu finden, aus dem sich dieser Raum entwickeln kann, und dann die entstehende Reinheit zu beschützen. Dabei geht es um ein sehr bewusstes Erleben und innerliches Dabeisein – je bewusster wir das erleben und mittragen, umso klarer werden wir die weiteren Schritte tun können.

Diesen inneren Raum brauchen wir zurzeit als Schutz für den inneren Kern, aber auch auf eine bestimmte Art als Plattform, die später als Fundament für das Entstehen des Neuen dienen wird.

Dies ist kein passiver leerer Raum, sondern es lebt ein höchst aktiver Lebenssog darin, der trotz seiner enormen Weite und Offenheit eine potenzierte Intensität erschafft. Wir sollten den Raum wirklich bewusst und aktiv hüten, da er für unsere weitere Entwicklung eine einzigartige Rolle spielt.

Wir werden genau spüren und wissen, wann der Augenblick da ist, in dem wir diesen Raum als fruchtbare Erde anbieten können, aus der Neues wachsen kann.

Wir denken, dass die Verbindung zur geistigen Welt oder auch zum Göttlichen in erster Linie dazu dient, dass wir wichtige Informationen oder Hinweise bekommen, und vergessen dabei, dass wir durch diese Verbindung vor allem näher zu unserer eigenen Quelle, zu uns selbst kommen – wir selbst werden dadurch mehr zu einem Teil des geistigen Raumes.
Die geistigen Sphären sind unser Zuhause. Wir erneuern, nähren und stärken unsere Seele jedes Mal, wenn wir in die Ruhe des geistigen Raumes eintreten.

Wir sollten dabei nicht vergessen, als Menschheit verankern wir uns immer tiefer in der physischen Materie und brauchen deshalb einen immer direkteren Zugang zu den geistigen Dimensionen. Gerade aber geschieht das Gegenteil – wenn wir vergleichen, wie stark wir früher als Zivilisation mit den geistigen Sphären verbunden waren, wie wir auch mit dem Raum der nicht inkarnierten Seelen verbunden waren, müssen wir leider feststellen, die Verbindung wird schwächer statt stärker.

Die Hauptfrage im menschlichen Leben ist: wie weit bin ich mit meinem wahren Sein verbunden – denn je verbundener ich bin, umso wacher und stärker kann ich meine Rolle im Leben und für das Leben spielen.
Um meinem seelischen Sein näher zu kommen, brauche ich die seelische Nähe zu meiner Quelle.

Als Unterstützung für die aktuelle Zeit

Und hier kommen wir wieder zu dem Punkt, wie wichtig für die gerade inkarnierten Menschen der Raum der zurzeit nicht inkarnierten Seelen ist: wir sind euch in den geistigen Sphären am nächsten und so auch am einfachsten zu erreichen. Wir können für euch das Tor in die Ewigkeit sein. Wir sind die Brücke, die euch eine weitere Ausdehnung in die geistigen Dimensionen ermöglicht.
Fehlt diese Brücke, was wir gerade erleben, dann ist für euch die geistige Welt viel schwerer erreichbar. Und das verlangt von euch Menschen ein ungleich stärkeres, bewussteres Streben, um zu einer ähnlichen geistigen Offenheit zu gelangen, wie ihr sie in natürlichen Verhältnissen hättet.

Dass es gleichzeitig inkarnierte und nicht inkarnierte Seelen gibt, ist ein göttliches Werk, es könnte nicht besser sein. Wir sind ein perfektes Orchester, das alle Stimmen abdeckt und zusammenbringt, wir sollten uns nur wieder zusammenfinden und erkennen.

Ich sage das nicht, weil ich euch Menschen vermisse, sondern weil ich aus meiner Perspektive so deutlich erlebe, wie vollkommen das Bild ist, wenn wir alle Seelen – inkarnierte und zurzeit nicht inkarnierte – zusammenstehen und wirken. Das ergibt eine solch perfekte Harmonie, zu der nur ein derart hochbegabtes Orchester, wie wir Menschen es sind, fähig ist.

Und das Unglaubliche dabei ist, wie wenig es brauchen würde, um die unsichtbare Trennung zwischen uns wieder zu durchbrechen – nur einen Schritt. Um es mit einem Bild auszudrücken, könnten wir sagen, dass wir jetzt zwei getrennte Lichtsphären sind: eine klebt sozusagen auf der Erde und die andere steht alleine im All-sein. Dadurch ist jede Seite des Elements beraubt, das der andere Teil repräsentiert, statt dass wir uns fortwährend gegenseitig befruchten und einander ermöglichen, uns jeweils in die Weite auszudehnen und den Sinn des Lebens noch viel schöner zur Blüte zu bringen.

Ich hoffe sehr, dass ich es mit all diesen Gedanken, Bildern und Worten schaffe, euch deutlicher zu machen, warum wir zusammengehören, warum wir einander brauchen und wie viel Potenzial wir gemeinsam aktivieren können.

Das Leben ist so schön, doch es könnte noch viel schöner sein, und die Frage, die sich an jeden einzelnen richtet, ist: was hindert mich daran, diesen Schritt zu tun? Was bin ich bereit, dafür zu ändern?
Noch einmal, um es zu betonen, es fehlt so wenig – nur ein bewusster Schritt! Das ist doch nicht zu viel verlangt.

Diese Wiedervereinigung wird für die Menschheit eine der großen Revolutionen sein. Das ermöglicht uns, die Frage des Abgrunds, über die wir zu Anfang dieses Gespräches gerätselt haben, zu beantworten und hilft uns, diesen Abgrund mühelos zu überwinden. Als Menschheit sind wir zu so viel mehr fähig, als wir denken und uns vorstellen können.

Euch zurzeit inkarnierten Menschen fehlt die grenzenlose geistige Komponente, um springen und endlich fliegen zu können, und die können wir anbieten.

Unsere Hand zu euch ist ausgestreckt, wir sind bereit und wir warten auf euch, liebe Menschen.

Das gibt ja Hoffnung und Zuversicht, dass wir es als Menschheit schaffen werden. Im Namen des inkarnierten Teiles sage ich jetzt JA zu diesem gemeinsamen Weg, in der Hoffnung, dass wir immer mehr sein werden, die die Notwendigkeit dieses Schrittes erkennen werden.
Viele Themen haben wir schon angesprochen und berührt; was mich noch interessiert, ist, wie du aus deiner Perspektive diesen wunderschönen Planeten siehst. Wie sieht seine Entwicklung aus und wie werden wir dadurch gefordert?

Man zählt die Erde zu einem der vielen Planeten, aber das ist falsch. Die Erde ist nicht nur einer der Planeten, die Erde ist der Planet!

Wir sind uns gar nicht bewusst, was die wirkliche Funktion der Erde ist. Meint ihr, es sei ein Zufall, dass sie ein Magnetfeld um sich herum hat oder dass genug Sauerstoff vorhanden ist, oder dass es Wasser in unglaublichen Mengen gibt, oder dass das Sonnenlicht genau abgestimmt ist? Es sind zu viele Zufälle, um einfach Zufälle zu sein.

Die Erde ist im geistigen Sinne der große Weise in dem Planetenkollektiv – sie ist die Abbildung des ganzen Universums und die geistige Verkörperung des All-seins. Das sind nicht nur große Worte, sondern es ist die Realität. Die Erde ist die Sammlung aller Qualitäten des Lebens. Es ist auch kein Zufall, dass man im Zusammenhang mit der Erde vom Paradies spricht, weil sie das Potenzial dafür wirklich besitzt.

Die Erde und das Leben, das sie mit ihrem Sein ermöglicht, ist ein einziges Wunder. Egal in welche Richtung ihr euch dreht, wenn ihr mit offenem Blick schaut, werdet ihr überall wahre Wunder erkennen können. Es wäre zu schön, wenn ihr euch bewusst werdet, was für ein Privileg ihr habt, auf diesem hoch entwickelten Planeten zu leben.

Aber es ist ja nichts Neues, was ich da erzähle, deshalb möchte ich euch jetzt die Erde aus meinem Blickwinkel vorstellen. So wie wir Menschen, ist auch die Erde rein verdichtetes Licht. Zwar speist die Sonne die Erde mit Licht, aber das sieht nur auf der physischen Ebene so aus, auf geistiger Ebene strahlt die Erde viel stärker als die Sonne selbst. Ihre ätherische Präsenz und damit ihre Energiesphäre ist so leuchtend, wie ihr euch das gar nicht vorstellen könnt.

Das Faszinierende dabei ist, dass ihre geistige Präsenz in der Materie verkörpert ist. Sie ist das reine Licht, das sich durch viele Millionen Jahre immer konkreter materialisieren konnte – bis es sich so verdichtet hat, dass es zur Materie wurde. Erde, die ihr in die Hände nehmen könnt, ist pures Licht, deswegen ist sie so fruchtbar: sie ist eigentlich Gold.
Wenn ich die Erde anschaue, sehe ich einen strahlenden Kristall, in dem das Licht verdichtet ist, sich materialisiert, in dem sich das Licht spiegelt und der ständig Licht ausstrahlt.

Ihr meint, die Erde sei dazu da, um uns Menschen als Lebensfläche, als Nahrungsgrundlage zu dienen, aber das wahre Bild sieht etwas anders aus.

Eigentlich können wir Menschen dankbar sein, dass wir diesem Wunder mit unserem Sein dienen können.

Dazu auch ein Bild: das ganze Universum spiegelt sich und bildet sich in der Erde ab, es spiegelt sich in jeder Zelle der Erde – so können wir sagen: in unseren Zellen spiegelt sich durch die Erde das gesamte Universum.

Damit sind wir plötzlich nicht mehr Opfer des Lebens, Wesen, die zufällig auf der Erde gelandet sind und jetzt ums Überleben kämpfen müssen. Nein, wir sind nichts weniger als ein Abbild des Universums und werden durch die Präsenz der Erde wie durch ein geistiges Prisma ständig durchstrahlt. Damit sind wir nicht nur Teil des Universums, sondern spiegeln uns in diesem Lichtspiel gleichzeitig in der Erde und im Kosmos – damit beeinflussen wir das Leben mit unseren persönlichen Spuren.

Ich glaube, wir sind uns viel zu wenig bewusst, wie stark die Bindung zwischen uns Menschen und der Erde ist. Das ist eine weitere geistige Trennung, die uns Menschen sehr einschränkt – wir stellen uns immer wieder quer und schwächen damit dieses Zusammenwirken.

Die Erde ist ein Wunder und wir Menschen sind auch ein Wunder – zusammen könnten wir ein wundervolles Leben gestalten. Es fehlt uns NUR das Bewusstsein dazu.

Kannst du uns, bitte, noch konkretere Beispiele und Bilder dazu geben. Wir werden uns immer bewusster, dass die Erde nicht nur ein lebendiger Organismus, sondern ein Wesen ist. Aber dieses Wesen ist so groß, dass es unsere Vorstellung bei weitem übersteigt. Kannst du uns dieses Wesen näherbringen, so dass wir besser begreifen und verstehen, was das für uns Menschen konkret bedeutet?

Die Erde ist nicht nur von vielen Wesen belebt, sondern ist selbst ein lebendiges Wesen. Wie können wir uns das vorstellen?

Wenn ich die Erde als Ganzheit anschaue, dann kann ich sehen, dass das Leben koordiniert wird, es ist für den Verlauf des Lebens gesorgt, das Leben dreht sich in Zyklen, die nicht dem Zufall überlassen sind – es gibt eine klare und gesunde Struktur, die das Leben auf der Erde unterstützt und führt.
Das weist darauf hin, dass hinter dem, was wir sehen, eine höhere Intelligenz steht. Natürlich wird alles, was ich aufgezählt habe, der biologischen Natur des Planeten zugeschrieben. Wohl wahr, aber ohne eine höhere Wesensintelligenz, die alle integrierten Ebenen miteinander koordiniert, wäre das Wachstum auf der Erde schon längst kollabiert.

Das Leben auf der Erde verläuft nicht in Kreisen, sondern in einer ständig aufsteigenden Spirale und auch das kann nur geschehen, weil es eine höhere Instanz gibt, die dieses fortwährende Wachstum und die Entwicklung führt und damit uns allen, als Teil dieses Organismus, das Wachstum ermöglicht.

Natürlich könnte ich euch jetzt ein wunderschönes, fast kitschiges, Bild von diesem Wesen malen, aber ich möchte es lieber als reines göttliches Licht bezeichnen, das ich im Kern der Erde sehe. Es ist das schönste Licht, das ich je gesehen habe.

Die Erde hat einen so reinen und sakralen Kern, dass sie auf keinen Fall zerstört werden kann. Man redet so viel über die Zerstörung des Planeten, aber ich kann euch voller Zuversicht sagen, dass es keine ernsthafte Gefahr gibt, weil die Erde so stark ist. Es würde nur dann ein Problem geben, wenn man aus irgendeinem Grund den innersten Kern der Erde verunreinigen könnte.

Die Erde ist der Planet des Lernens, deswegen muss sie auch die Fähigkeit haben, mit gewissen Fehlversuchen und Misserfolgen umzugehen. Die Selbstheilungskraft und die Kreativität der Erde sind größer als die Zerstörungen, die wir Menschen verursachen.
Das heißt natürlich nicht, dass wir Menschen respektlos, gefühllos und aus egoistischem Eigennutz alles durch und durch zerstören können! Ich möchte nur sagen, dass die Erde mit uns Menschen viel Geduld hat, weil wir das

Übungsfeld brauchen – wir lernen nicht nur in unserem kleinen persönlichen Rahmen, sondern auch als Zivilisation.

Die Hauptverletzungen entstehen vor allem, weil wir nicht in der Lage sind, die Erde als eine große Einheit zu sehen. Wir betrachten immer nur unser Zuhause, eine Landschaft, ein Land, oder einen Kontinent, vergessen dabei aber ganz und gar, dass all das und noch viel mehr dazu, zu einem großen Ganzen gehört.

Wir können es mit unserem Körper vergleichen: wir spüren auch, wenn uns jemand am linken Ohr zieht oder am großen Zeh kitzelt – alles, was in unserem gesamten Körper und um ihn herum geschieht, spüren wir, weil alle unsere Teile verbunden sind. Genauso beeinflusst das Geschehen an einer Stelle der Erde das Geschehen auf der anderen Seite – es ist ein Organismus, eine Einheit, ein Geschehen.

Ich habe beschrieben, dass wir Menschen Licht sind und aus dem göttlichen All-Sein kommen, wenn wir uns auf der Erde inkarnieren. Wir manifestieren uns als Licht in der Erde, aber dazu brauchen wir auch das Wunderlicht der Erde.
Ich habe auch schon gesagt, dass die Erde verdichtetes und materialisiertes Licht ist und dass sie dafür eine lange Entwicklung durchlaufen hat. Sie hat damit die Alchemie des Goldlichtes in ihre eigene Substanz vollzogen, die wir bei jeder Geburt und bei jedem Sterbeprozess wieder erleben – diese Entstehung und Dematerialisierung sind nur durch das Wesen und die Weisheit der Erde möglich. Wie könnte sich zum Beispiel bei der Konzeption sonst ein physischer Körper materialisieren, wenn nicht durch einen alchemistischen Vorgang, der nur durch die Kraft und den Zauber der Erde möglich ist?

Wir können viele Theorien entwickeln, wie Leben entsteht und wir können das alles sehr wissenschaftlich erklären, doch wenn wir genauer hinschauen, werden wir merken, dass wir doch keine wirkliche Erklärung dafür haben, wie sich eine Seele im Prozess der Inkarnation plötzlich in einem physischen Körper wiederfindet. Das ist eine Synthese höchsten Grades, die wir mit physischen, biologischen oder allen wissenschaftlichen Begriffen nicht beschreiben können.

Das ist ein Wunder, das nur im Schoß der Erde geschehen kann, weil sie als Wesen in tiefstes alchemistisches Wissen eingeweiht ist – sie selbst ist der Ausdruck dieser Weisheit.

Wir sind so naiv zu denken, dass wir uns als Menschen aus eigenem Antrieb reproduzieren, dass wir uns aus unserem eigenen Impuls entwickeln, dass wir uns allein aus unserem eigenen Wunsch heraus auf der Erde inkarnieren oder aus eigenem Wissen fähig sind zu gehen und vergessen dabei, dass wir all das und noch viel mehr nur tun können, weil wir in dieses unermessliche Wesen – die Erde – eingebettet sind.
Ein Inkarnationsweg ist nicht nur ein Wunderakt der Menschheit, sondern der Menschheit im Bewusstseinsraum der Erde. Eine Geburt ist nicht nur ein biologisches Geschehen, sondern ist ein Wunder, das nur auf dem Planeten Erde in dieser Form möglich ist. Verstehst du, was ich damit meine?

Viele Ereignisse schreiben wir einzig und allein den Fähigkeiten von uns Menschen zu, in Wirklichkeit sind sie aber nur im Kraftfeld der Erde möglich. Das stellt unsere eigenen Verdienste keineswegs in Frage, doch allzuoft vergessen wir die Beteiligung der Kräfte der Erde, die ihren Zauber dazu tun, damit geschehen kann, was wir alleine niemals vollbringen könnten.

Die Erde ist nicht nur die Schale, wie wir oft in spirituellen Kreisen hören, sie gibt auch viel zu dem Inhalt dazu. Wenn wir noch einmal das Wunder des menschlichen Inkarnationsprozesses anschauen, können wir sagen, die Hälfte bringen wir als Seele und die andere Hälfte gibt die Erde mit ihrer Präsenz dazu.

Mit unserem Sein als Menschen sind wir wirklich Erde, so wie wir auch Kosmos sind, und doch ist die Erde selbstverständlich auch ein separates Wesen, das jenseits unseres Seins existiert. Da wir aber als Menschheit ein Teil dieses Planetensystems sind, sind wir in der Obhut ihres Wesens.

Als Menschen sind wir natürlich freie Wesen, verfolgen einen eigenen Entwicklungsweg, haben eine freie Entscheidungskraft, sind kreativ, bauen und schaffen aus eigenem Impuls und DOCH sind wir als Teil dieses Planeten in die Impulse der Erde eingebettet und damit auch in ihr Wachstumsstreben und

Unser Wunderplanet Erde

in ihren Entwicklungswunsch – das bedeutet, dass wir unter dem großen „Schutzschirm“ der Erde gedeihen und ohne zu wissen vieles aus diesem tiefen Antrieb der Erde tun.

Wenn wir die momentane große Wandlungswelle anschauen: natürlich ist da unser menschlicher Wunsch zu wachsen, uns weiterzuentwickeln, die Weltsituation zu ändern, doch sollten wir nicht vergessen, dass da genauso eine tiefe Wandlungsbewegung aus der Erde kommt, die unsere inneren und äußeren Bewegungen stark beeinflusst. Die Erde gibt zurzeit den Anstoß für den großen Sprung – der nicht nur uns als Zivilisation, sondern uns alle, als Bewohner dieses Planeten, trifft.

Schon länger bereitet die Erde die Umstände, die Möglichkeiten und die möglichen Lösungen für diese universelle Wandlung vor. Genau aus diesem Grund ist der momentane Wandlungsprozess so unvermeidlich – zwar können wir manche Umwege machen und den Prozess verlangsamen, wenn wir das unbedingt wollen, wir können uns dagegen wehren, aber entgehen können wir diesem Prozess nicht, weil er von einer höheren Instanz angestoßen wurde, auf die wir keinen Einfluss haben.

So hilft es, wenn wir uns innerlich einstimmen, den inneren Zugang zu dem Geschehen finden und mitgehen. Je mehr wir in der Mitte des Geschehens sind, umso stärker werden wir mitgenommen und mitgetragen.

Ja, wir sind wirklich große Meister darin, den großen Kontext zu übersehen – wir denken, dass nur wir persönlich und als Menschheit diese große Veränderung durchmachen, dabei sind wir in etwas viel Größerem eingebettet. Schaffen wir es, dieses große Bild zu halten und dem zu folgen, wird es viel einfacher, weil wir dann wissen, dass wir nicht alleine sind, dass viel größere Kräfte im Spiel sind, die in dieselbe Richtung wie wir gehen. Was kannst du uns als innere Hilfe, als Werkzeuge dazu geben? Hast du konkrete Bilder,

Ideen, Gedanken und Hinweise, die uns im momentanen Geschehen Stütze und Unterstützung sein werden?

Schaut nicht nur auf die eigenen Füße, wohin ihr eure Schritte lenkt, schaut nach vorne, dann werdet ihr die Richtung als Lichtströmung sehen können. Sie ist vorbereitet, sie ist gebahnt und deswegen gut erkennbar und sichtbar, natürlich für diejenigen, die bereit sind, etwas weiter zu schauen.

Die Veränderung, die gerade stattfindet, ist nicht gegen das Leben, sondern für das Leben, deswegen gibt es genügend Unterstützung aus allen Richtungen und Dimensionen – haltet die Augen offen und ihr werdet überall Zeichen erkennen können. Wir sind nicht alleine in diesem Geschehen.

Wir sind verdichtetes Licht und kommen aus der göttlichen Liebe. Das heißt, wir sind in unserem Kern getragen, wenn wir die Verbindung zu unserer Quelle halten. Wir sind beschützt und in der Tiefe unseres Wesens getragen.

Wenn wir in diesem Gefühl bleiben, werden uns alle äußeren Erschütterungen, Störungen, Projektionen, Ängste und Unwahrheiten nicht stören können. Wir werden frei dem inneren Impuls folgen können. Was brauchen wir noch? Brauchen wir mehr als das?
Das ist die höchste Sicherheit, die uns je gegeben wird.

Das einzige, was wirklich von uns gefordert wird, ist, dass wir uns entscheiden, wofür wir im Leben stehen. Wenn wir die Liebe als unsere tiefste Natur spüren, dann wissen wir, was uns wichtig ist und wofür wir hier sind. Wenn uns das Licht, das wir sind, bewusst ist, dann wissen wir, dass wir in jedem Augenblick das Licht mit unserem Sein in das Leben bringen. Es ist nicht die Frage, was wir tun, sondern wie wir es tun.

Folgen wir dem Licht in uns, dann dienen wir der göttlichen Liebe. Dann wird uns das Leben genügend Möglichkeiten anbieten und uns vorbereiten, damit wir unsere innere Wahrheit als Seele noch tiefer in uns verankern und immer mehr Licht auf der Erde verkörpern.

Wir ALLE folgen als Seelen dieser einen Richtung – immer mehr Licht in uns zu verankern, in die Materie zu bringen, zum Strahlen zu bringen. Als Seelen haben wir diese Ausrichtung. Wie wir das im Leben ausführen, hängt von den einzelnen Entscheidungen ab, die wir im Alltag treffen.

Warte nicht, dass etwas im Außen den Anstoß gibt, wir sind mitten im Geschehen. Wir sind aufgerufen, präsent, wach und aktiv zu sein und zwar überall und bei allem, was wir tun! Versucht immer mehr in diesem Bewusstsein zu leben und ihr werdet immer und überall getragen und geführt sein. Das ist das wirklich neue Bewusstsein – in der hohen Präsenz und Offenheit zu sein: und zwar im Hier und Jetzt!

Nutzt das Leben, um neue Erfahrungen als Seele – nicht nur als Mensch – zu sammeln und ihr werdet sehen, wie sehr sich das Leben dadurch für euch ändern wird. Es gibt so viele Möglichkeiten zu schauen, eine unendliche Breite von möglichen Perspektiven, das Leben zu betrachten.

Das Leben ist zwar eine ernste Angelegenheit, das stimmt absolut, aber bitte nehmt es nicht zu ernst – in dem Sinne, dass das Leben immer als Experiment zu sehen ist – man sollte sich frei genug fühlen, um zu experimentieren und spielerisch mit den Angeboten des Lebens umzugehen.

Ajra, DANKE dir! Ich habe das Gefühl, dass es für jetzt abgerundet ist. Wir können jederzeit weitermachen, wenn wir sehen, dass Menschen diese Gespräche gerne lesen.
Du hast uns in vielerlei Hinsicht neue Türen geöffnet, du hast uns so manche Gedanken zum „Weiterdenken" gegeben, du hast uns eine neue innere Weite eröffnet und du hast uns ein neues Bild der Menschheit geschenkt.
Ich bin dir tief dankbar dafür und glaube, ich kann das auch im Namen vieler Leserinnen und Leser sagen.
DANKE dir!!

Ich bin auch glücklich und dankbar, weil ich die Möglichkeit habe, wieder gehört zu werden. Das ist es, warum ich als Seele in dieser Position bin, wo ich jetzt bin, so bedanke mich auch bei dir, Ana, und bei allen, die diese Worte, Gedanken und Ideen lesen, im Leben verwirklichen und weiter in die Welt tragen. DANKE.

Ich freue mich auf alles Wunderschöne, das uns als Menschheit in der nächsten Zeit erwartet.

Ajras Präsenz

Zu den Zeichnungen

Als ich sechzehn Jahre alt war, habe ich die Möglichkeit entdeckt, mit den anderen Welten zu kommunizieren. Schon damals wurde ich in die Sprache der Zeichnungen eingeführt. Energetische Botschaften aus anderen Welten, Dimensionen oder von andern Wesenheiten sind nie fest in die Worte gelegt, sondern existieren in Kraftform. Erst wenn wir sie in unsere materielle Dimension holen, bekommen sie eine konkrete feste Form. So ist es möglich, die gleiche spirituelle oder energetische Botschaft in sehr unterschiedliche Formen und Sprachen zu übersetzen. Worte, Zeichnungen, Musik, Kosmogramme oder Malereien sind solch unterschiedliche Ausdrucksformen, und doch können sie alle Träger des gleichen Energieflusses sein.

Die Zeichnungen sind eine Hilfe, um sich zum Beispiel mit der Seele von Ajra, mit unterschiedlichen Themen, die im Text angesprochen werden, tiefer zu verbinden und mit ihnen in einen noch innigeren Austausch einzutreten. Wir können sie wie innere Schlüssel benutzen, die uns helfen immer weiter und tiefer zu gelangen.

Es geht nicht um automatisches Zeichnen, weil ich dabei eine bewusste Verbindung der Seele von Ajra, mit gewissem Thema und Wesen, die dabei mithelfen, gehalten habe und damit an dem Prozess der Entstehung aktiv beteiligt war. Meine Hand wird dabei physisch geführt. Der Anfang der Zeichnung wird immer mit dem Ende der Linie verbunden.

Auch beide kleinen Zeichnungen (eine für Ajra und eine für mich) sind auf die gleiche Art und Weise entstanden.

Hier ein Vorschlag, wie man vorliegende Zeichnungen benutzen kann. Das Wichtigste ist, sich für die Kraft, die durch die Zeichnungen strahlt, zu öffnen und sich von ihr tief im Herzen berühren zu lassen. Um die Verbindung noch zu vertiefen, kann man sich im Herzen eine strahlende Sonne vorstellen, aus welcher man einen Strahl auf einen Punkt auf der ausgewählten Zeichnung führt. Mit diesem Lichtstrahl und Blick folgt man für eine Weile im eigenen Rhythmus der Linie in der Zeichnung, bis man spürt, dass sich das Herz geöffnet hat und die Verbindung zwischen dem Herzen und der Zeichnung entstanden ist. Alles, was man dann noch tun sollte, ist, die Kraft fließen lassen. Eine andere Möglichkeit für die Verbindung ist, die Zeichnungen zu fotokopieren und sie nach der eigenen Intuition mit Buntstiften anzumalen. Die Zeichnungen kann man sich als ein Tor vorstellen, durch welches wir in die anderen Dimensionen schauen können. Genauso bekommen auch die anderen Welten eine Möglichkeit, mit unserer Welt Kontakt aufzunehmen.

Ana Pogačnik

(Text ist teilweise übernommen aus dem Buch: Heilkunde der ätherischen Öle von Thomas von Rottenburg)

Über die Autorinnen

Ana Pogačnik

1973 in Slowenien geboren

Seminarleiterin, Autorin, Mutter von zwei kleinen Mädchen

Erst habe ich mein Leben dem Klavier gewidmet, danach Archäologie studiert.

Seit 1989 empfange ich Botschaften aus unterschiedlichen geistigen Quellen. Seit 1999 gebe ich das erfahrene Wissen über die unsichtbaren Dimensionen der Landschaft und ihrer Spiegelung in uns Menschen, in meinen Seminaren weiter. Als ich im Ausland lebte, habe ich als Rahmen dafür die „Schule Wieder Sehen" gegründet, die ich, da ich jetzt mit meiner Familie in Slowenien lebe, in „Modra Zemlja" (übers.: Weise/Blaue Erde) umbenannt habe.

Bücher: Das Licht des Herzens (1997); Das Herz so weit (2004); Die Erde liebt uns (2012); Die Wahrheit aus der Zukunft (2017); Ins Wunder des Neuen (2019)

Mehr unter: www.ana-pogacnik.com

Ajra Pogačnik

1967 in Slowenien geboren,
2011 gestorben

Heilerin, Seminarleiterin, Autorin, Mutter von zwei inzwischen erwachsenen Kindern.

Als ausgezeichnete Heilerin hat sie in ihrer Praxis unglaublich vielen Menschen geholfen.

Sie hat sehr unterschiedliche Botschaften aus der geistigen Welt empfangen und hat daraus zwei Bücher publiziert.

Von der Ewigkeit berührt (2002); Šepet življenja (nur auf Slowenisch)

Danksagung

An erster Stelle möchte ich mich aus tiefsten Herzen bei *meiner Familie, Thomas, Klara und Eva*, bedanken. Ohne eure Unterstützung hätte ich diese und viele anderen Aufgaben nicht vollbringen können. Ihr seid meine wichtigen Lebenssäulen, die dem Leben Farbe und Licht geben. DANKE euch, dass wir zusammen auf diesem Weg sind!

Und einen extra großen Dank geht an Thomas, der mit viel Geduld mit mir immer wieder die Sprachkorrekturen macht.

Tiefe Dankbarkeit geht an *meine Eltern, Marika und Marko.* Es ist eine große Hilfe zu wissen, dass ich von euch bei allem, was ich tue, mitgetragen bin. Danke, dass ihr uns als Kinder große Freiheiten gegeben habt, dass wir uns selbst finden konnten.

Auch dieses Mal haben *Gabriella und Alfred Borter* eine große Arbeit gemacht, meinen Text sprachlich zu verbessern und polieren. Danke, Gabriella und Fredi für euer riesiges Geschenk. Ich bin glücklich, dass wir wieder zusammen arbeiten konnten.

Ein besonderer Dank geht an unsere Freundin *Elisabeth Tröndle*. Du hast mich während des Schreibens in unseren Gesprächen ermutigt und hast mich damit sehr unterstützt. Zudem danke ich dir auch dafür, dass du hilfst, die Bücher in der Schweiz zu versenden.

Ich bin sehr dankbar, dass wir *Zita Weckenmann* an unserer Seite haben. Danke, Zita für deine Bereitschaft, uns zu helfen, dass die Bücher die richtige Form bekommen und dass sie in die Welt gebracht werden.

Ein herzlicher Dank geht an *Elisabeth Vankampen*, für deine Hilfe, dass unsere Bücher die Leserinnen und Leser finden.

Ein großer herzlicher Dank geht an viele *Freundinnen und Freunde*, die meine und unsere Arbeit unterstützen. Es ist unbeschreiblich schön zu spüren, dass wir viele sind, die diesen Weg gehen – jeder für sich und doch gemeinsam. Ich kann mir gar nicht mehr vorstellen, ohne euch alle mich den Herausforderungen der jetzigen Zeit zu stellen. DANKE!

Buchempfehlungen

Ana Pogačnik
Ins Wunder des Neuen
Die Botschaft der größten Steinkugel der Welt

Sanft, aber deutlich führt uns dieses Buch an den Fallen der alten Welt vorbei – zu dem Keimen des Neuen.

Verlag: Modra Zemlja, Ana Pogačnik s.p., 2019
ISBN: 978-961-94720-0-2 , Preis: 17 Euro

Bestellbar unter: www.inswunderdesneuen.de

Ana Pogačnik, Marko Pogačnik,
Thomas von Rottenburg

Die Wahrheit aus der Zukunft

Die Botschaft der bosnischen Pyramiden
als Wandlungsimpuls für die Neue Zeit

In diesem Buch werden die Bosnischen Pyramiden als eine bedeutende Offenbarung für den kommenden
Quantensprung der Erde und des Menschen vorgestellt.

Verlag: Modra zemlja, Šempas, Slowenien und Društvo za sožitje človeka, narave in prostora VITAAA, Ljubljana, Slowenien

ISBN: 978-961-285-635-9, Preis: 16 Euro

Erhältlich unter: www.diewahrheitausderzukunft.de

Thomas von Rottenburg

Das flüssige Gold des Neuen

Ätherische Öle für die Neue Zeit

Das Buch beschreibt Wesen und Wirksamkeit von besonderen, zumeist wenig bekannten ätherischen Ölen der neuen Zeit.

Verlag: Modra zemlja, Šempas, Slowenien

Erhältlich unter: www.dasfluessigegolddesneuen.de